Jesus no Lar e o *Evangelho no Coração*

Paulo Gilberto Pereira da Costa

Jesus no Lar e o *Evangelho no Coração*

Aliança

1ª edição, Janeiro/2015, do 1º ao 5º milheiro.

TÍTULO
Jesus no Lar e o Evangelho no Coração

AUTOR
Paulo Gilberto Pereira da Costa

DIAGRAMAÇÃO
Ariane Haas
Pamela Biazon

CAPA
Ariane Haas
Pamela Biazon

IMPRESSÃO
Rettec Artes Gráficas e Editora Ltda.

FICHA CATALOGRÁFICA

Dados Internacionais de Catalogação na Publicação (CIP)
(Câmara Brasileira do Livro, SP, Brasil)

Costa, Paulo Gilberto Pereira da
Jesus no Lar e o Evangelho no Coração /
Paulo Gilberto Pereira da Costa.
São Paulo : Editora Aliança, 2015.

ISBN 978-85-8364-016-5

1.Espiritismo 2. Evangelho I. Título

15-00198 CDD-133.9

ÍNDICE PARA CATÁLOGO SISTEMÁTICO

1. Espiritismo 133.9
2. Evangelhos : Exegese espírita 133.9

EDITORA ALIANÇA
Rua Major Diogo, 511 - Bela Vista - São Paulo - SP
CEP 01324-001 | Tel.:(11) 2105-2600 | Fax: (11) 2105-2626
www.editoraalianca.com.br | editora@editoraalianca.com.br

Sumário

QUANDO ELE BATER, DEIXE-O ENTRAR!

01

Neste início de milênio, estamos inseridos em um contexto em que somos ainda fortemente influenciados pelo meio que nos cerca. Nossas ações e comportamentos, atitudes e crenças, revelam uma configuração na qual o Homem Integral (físico, mental, emocional, espiritual e psicológico) ainda não é devidamente considerado.

Vivemos assim um conjunto de circunstâncias nas quais o materialismo enganador predomina na sociedade, gerando um viver biológico, restrito ao período que vai do nascimento até a dita morte que, para muitos de nós, é o ponto final.

Ligamo-nos ao que motiva os nossos instintos e sensações e tudo que se inter-relaciona com tais questões, relegando o Espírito imortal a uma mera possibilidade, um "talvez" ou um "quem sabe". Sabemos também que a natureza não dá saltos, não queima etapas, tudo fluindo com o espírito de sequência, em um encadeamento que possui diversos estágios.

O ponto de vista que a Doutrina Espírita nos convida a desenvolver procura dar amplitude ao nosso pensamento, dando-nos a possibilidade de apresentar uma postura mais enriquecida sobre o sentido da nossa existência; inserindo-a em um inter-relacionamento Universal, pois todas as existências e seres que compõem uma parte da Humanidade – que somos nós – têm o qualificativo de IRMÃOS; de origem emanada do mesmo foco: DEUS.

Temos a evolução de conceitos e valores humanos, que se manifesta de fora para dentro da criatura, pela impermanência dos fatores externos; seja com alterações nas condições econômicas; perda ou ganho de status social; eventos da natureza que alteram o padrão de vida; acidentes que restringem nossa capacidade de atuação; separação dos entes queridos pela desencarnação; frustrações e insucessos... Evolução está baseada na mera reação aos estímulos externos, sem a elaboração de uma estratégia em que se associem inteligência e sentimento.

A vida exclusivamente material faz com que apenas nos movimentemos pela periferia da verdadeira vida. Deslizamos pela superfície da vida, onde fixamos os efeitos, sem remontarmos às Causas, gerando um empobrecimento em nossas perspectivas pessoais. Assim, vamo-nos deixando levar ao sabor das circunstâncias, em um autoabandono, um autodesleixo da nossa real condição de Imortalidade pessoal, sobrevivente de qualquer evento que se faça presente.

Ah, amigo leitor! Bem que eu gostaria de poder dizer que as nossas ilusões e fantasias são verdadeiras. Dizer que somos feitos exclusivamente do barro da terra. Que somos criados no instante do nascimento. Que o batismo elimina o pecado original. Que basta apenas seguirmos algumas prescrições exteriores para alcançarmos uma condição de vida eterna feliz. Que, com alguns rituais e palavras, estará assegurada a nossa felicidade futura... Bem que eu gostaria!

Mas não consigo. O espiritismo vem inaugurar uma nova era, revelando-nos com riqueza de detalhes quem somos, de onde viemos, para onde vamos, por qual motivo aqui estamos. Dá uma contribuição extraordinária para que encontremos respostas que facilitam o nosso equilíbrio físico, mental, emocional, espiritual e psicológico.

Com ele, passamos a sentir que somos feitos da luz das estrelas. Temos centenas de encarnações experienciadas. Somos os causadores dos problemas que se fazem presentes em nossa vida. Somos construtores do nosso destino. Escultores da nossa sina e também da nossa felicidade. O passado já escrito. O presente em nossas mentes, sentimentos e mãos. O futuro em nossas mentes, sentimentos e mãos.

A evolução de conceitos e valores humanos pode se dar dentro de uma nobreza maravilhosa, quando se manifesta da intimidade da Criatura para o exterior, evidenciando uma manifestação mais elaborada, na qual a inteligência associa-se ao requinte dos sentimentos que é o AMOR, cujas formas de manifestação possuem uma gradação que vai do mais feroz egoísmo até o AMOR INCONDICIONAL.

O quadro apresentado por nossa humanidade revela que somos recém-chegados à condição hominal, trazendo conosco uma severa carga de animalidade. Condição esta evidenciada pelas guerras, conflitos tribais, guerras santas (como se matar e destruir fossem ações aprováveis dentro da ótica "os fins justificam os meios"). Um jogo de futebol, que é uma atividade de lazer e prazer, pode se tornar uma batalha campal, onde pessoas que nem se conhecem podem se agredir e até mesmo se matar, apenas por serem torcedores de times diferentes... Somos homem-espécie, ainda.

Valores Humanos tais como honestidade, ética, fraternidade, respeito, alteridade, solidariedade, bom senso, temperança, ainda são vistos como uma exceção que sai da generalização coletiva.

Peguemos o exemplo de uma pessoa que encontra uma determinada quantia em dinheiro e devolve para o respectivo dono. Tal atitude gera acaloradas discussões sobre se deve ou não devolver o dinheiro. E quando a pessoa devolve o que não lhe pertence, causa admiração. E quando recusa qualquer recompensa, causa ainda mais indignação. Muitos dizem que a pessoa é trouxa. Para outros, boba. Vários afirmam que "achado não é roubado". Ela é considerada assim uma criatura que não corresponde à regra da generalização do homem-espécie, sendo encarada como um corpo estranho.

E para que a exceção seja um dia a generalização, somente o *Homo Spiritualis* (Homem Espiritual), edificação do Instituto Divino das Reencarnações Educativas, é o meio para atingirmos tal conquista, tanto individual quanto coletiva.

Nossa moralidade está permeada por nossas imperfeições. Como somos consciências encarnadas e desencarnadas, em nossa grande maioria estagiando na categoria dos Espíritos imperfeitos, almejamos o ideal, mas as nossas realizações revelam a nossa condição deficitária, ainda que transitória.

Normalmente em nossa casa, que é uma construção geralmente com um ou poucos andares, com forma e tamanho diversos, destinada à habitação, as nossas imperfeições ficam mais evidentes. Em sociedade, muitas vezes somos educados e corteses; em casa, mostramos a face da agressividade e da intolerância. Ali tiramos o verniz das aparências.

Podemos qualificá-la como moradia, residência, vivenda, casão, casarão, mansão, casaréu, casinha, casita, casucha, casebre, casinhola, casinholo, casinhota, casinhoto, palácio, palacete, habitações coletivas, habitações populares, mansarda, etc. Tem casa brejada, que é a casa de chão úmido. Alguns possuem casa de campo para lazer. A casa é composta ainda pelo conjunto de eletrodomésticos, objetos e mobiliários que a condição econômica dos seus ocupantes permite.

A casa representa muito mais do que um financiamento de 360 meses ou 30 anos. Está além de uma hipoteca. Significa algo mais do que uma escritura. Tampouco é um local dormitório, do qual estamos quase sempre ausentes. Este quadro nos revela a presença do homem-espécie.

Ela pode ser ou não um Lar. Palavra de origem latina, *Laris*, que significa "Espírito tutelar, Espírito protetor da casa, da família". O ideal é que o LAR estruture a FAMÍLIA, e a casa seja o campo material facilitador para que as relações favoreçam o sucesso da vida relacional individual e coletiva. Podemos deduzir que a casa é o meio e o Lar é o fim. É nele que ensaiamos o nosso engatinhar na construção do *Homo Spiritualis.*

Temos à nossa disposição um Espírito tutelar planetário e que, se houver permissão da nossa parte, pode estender sua presença junto a nós para que façamos uma saudável transição da casa para o Lar: Jesus, que é o guia e modelo de todos nós que aspiramos à condição de *Homo Spiritualis.*

Sim! Jesus no Lar é uma excelência em inter-relação; na qual há uma relação multilateral, com inter-relação de dados individuais e coletivos; de encarnados e desencarnados; inter-relação de situações doentias, que migram para relações salutares; inter-relação de pensamentos e ideias, emoções e sentimentos; inter-relações que levam em consideração expiações, provas e reparações ligadas aos processos encarnatórios por nós experienciados.

Jesus no Lar é uma excelente pedida para se tornar um programa na vida, onde um novo nível de consciência se faz presente, favorecendo um melhor inter-relacionamento, no qual ele compartilha conosco as belezas comportamentais, que podemos permitir que floresçam em nossa intimidade.

O texto abaixo, de autor desconhecido, revela como realizar a passagem de uma casa para um Lar com Jesus no Lar:

"Um homem havia pintado um lindo quadro.

No dia de apresentá-lo ao público, convidou todo mundo para vê-lo.

Compareceram as autoridades do local, fotógrafos, jornalistas; enfim, uma multidão.

Afinal, o pintor, além de grande artista, era também muito famoso.

Chegado o momento, tirou-se o pano que revelava o quadro. Houve caloroso aplauso...

Era uma impressionante figura de Jesus batendo suavemente à porta de uma casa.

Jesus parecia vivo.

Com o ouvido junto à porta, ele parecia querer ouvir lá dentro se alguém respondia.

Houve discursos e elogios.

Todos admiravam aquela obra de arte.

Porém, um curioso observador, achou uma falha no quadro: a porta não tinha fechadura.

Intrigado, foi perguntar ao artista:

— Sua porta não tem fechadura? Como abri-la?

— É assim mesmo – respondeu-lhe o artista. — Esta é a porta do coração humano e só se abre pelo lado de dentro."

Jesus, como Governador Espiritual do nosso Planeta, deseja se fazer participante da nossa intimidade pessoal e familiar, pois ele é o facilitador por excelência do *Homo Spiritualis.*

Que tal iniciarmos um inter-relacionamento com Ele?

Em apocalipse 3:20: "Eis que estou à porta e bato; se alguém ouvir a minha voz e abrir a porta, entrarei em sua casa e cearei com ele, e ele comigo".

Abrimos as portas das nossas casas para tantas coisas dispensáveis e que deixam a desejar no quesito qualidade das inter-relações. Jesus no Lar é uma fonte segura para que as paredes invisíveis do Lar sejam sólidas e firmes. Logicamente somos seres diferentes, mas as diferenças não constituem defeitos ou mazelas. As diferenças representam a diversidade das individualidades, criadas por Deus.

Educadamente Jesus bate à porta do Lar, bastando apenas que tomemos a iniciativa de irmos ao encontro dele, que se faz representar por seus Embaixadores Espirituais, que amorosamente se fazem presentes, cooperando para que os alicerces do Evangelho no Coração sejam facilitadores de uma ambiência familial e social da melhor qualidade.

Mas, antes de abrir a porta espiritual do Lar para os representantes de Jesus, é preciso a iniciativa dos representantes encarnados ou desencarnados (pois em muitos lares, apenas um representante é quem hospeda os Embaixadores de Jesus no Lar) de abrir as portas da mente e do coração. Com a nossa atitude de abrirmos a porta, girando a maçaneta dos nossos sentimentos e pensamentos, estaremos sendo agraciados com um banquete de luz, na abundância das presenças espirituais da melhor qualidade.

Recordemo-nos de que a palavra de origem latina Lar, *Laris,* significa "Espírito tutelar, Espírito protetor da casa, da família".

Com Jesus no Lar e o Evangelho no Coração, colocamo--nos sob a tutela do Governador Espiritual do Planeta: Jesus de Nazaré, na figura dos seus Embaixadores do Amor Sem Fronteiras.

•●•

Quando ele bater à porta, deixe-o entrar!

Recordemo-nos de que a palavra de origem latina Lar, Laris, significa "Espírito tutelar, Espírito protetor da casa, da família".

LUGAR SUBLIME

02

Podemos considerar Jesus no Lar e o Evangelho no Coração como uma proposta avançadíssima, onde temos a oportunidade de introduzir os valores humanos contidos em *O Evangelho segundo o Espiritismo*. Eles formam um binômio invencível para que obtenhamos êxito em nosso navegar pelos mares da vida.

O Evangelho segundo o Espiritismo "contendo a explicação dos ensinos morais do Cristo, sua conformidade com o espiritismo e aplicação às diversas situações da vida", descortina para a nossa consciência uma situação favorável, para que a renovação de pensamentos, ideias e sentimentos se concretize positivamente, onde o Lar funciona como uma lareira espiritual acolhedora, consoladora, esclarecedora e orientadora; elementos facilitadores para o desenvolvimento dos potenciais divinos do *Homo Spiritualis.*

Vamos detalhar um pouco mais o que está contido em *O Evangelho segundo o Espiritismo*, que traz em seu bojo o PPP (Projeto – Processos – Procedimentos).

"Explicação dos ensinos morais do Cristo" nos remete ao processo de transformação que Allan Kardec nos convida a desenvolver naturalmente em nossa trajetória na vida, tornando inteligíveis aspectos obscuros. Ajudando-nos a entender o sentido da mensagem do Cristo, onde podemos enriquecer a nossa interpretação sobre diversos trechos da Bíblia, dando a conhecer novos ângulos de visão. Esclarecendo, tirando da obscuridade. *O Evangelho segundo o Espiritismo* é explicativo e elucidativo. Atinge assim o nosso pensamento, as nossas ideias, aguçando a nossa inteligência, ampliando o nosso discernimento. Temos aqui um PROJETO.

"Conformidade com o espiritismo", quer dizer semelhança de natureza dos ensinos do Cristo com o espiritismo, havendo assim uma equivalência, uma conformidade de opiniões. Evidenciando ausência de conflitos ou contradições e presença de compatibilidade. Partem ambos da mesma nascente: o Cristo. Daí o termo "segundo o espiritismo", que poderia ser também "conforme o espiritismo", "na forma do espiritismo", "de acordo com o espiritismo", etc. Podemos considerar que ambos são concordantes, harmoniosos, compatíveis. Acrescentando ainda as riquíssimas Instruções dos Espíritos. Temos aqui a presença dos PROCESSOS.

"Aplicação às diversas situações da vida", sequência natural das duas etapas anteriores, uso nas trilhas do cotidiano, emprego inteligente das nossas atitudes, um destino sábio dos nossos Divinos Potenciais. Administração dos nossos recursos espirituais com dosimetria positiva. Colocar em prática no dia a dia, as lições armazenadas. Viabilizá-las com coragem. Respaldá-las com condutas da melhor qualidade, por meio de comportamentos harmoniosos com as divinas leis. Realizamos a concentração de espírito, da atenção, dos sentidos, da dedicação, do zelo, da diligência. E quando saímos da teoria para a prática, entramos na dinâmica da atitude pró-ativa. Capacitação para sermos *Homo Habilis* das relações saudáveis; estamos em plenos PROCEDIMENTOS.

Logicamente, leitor amigo, as três etapas já referidas não acontecerão milagrosamente, mas sim, trabalhosamente, afanosamente, dedicadamente, incansavelmente, determinadamente. Elas encontrarão uma realidade cultivada por milênios de descaso com o Espírito imortal. Automatismo consolidado pela cultura, pelos hábitos, absorvidos do meio, frutos da imitação inconsciente. Caso afirmássemos o contrário, estaríamos sendo levianos e inconsequentes, mantendo ilusões e fantasias.

Agora o que posso afirmar é que Jesus no Lar e o Evangelho no Coração são ótimos ingredientes para nos tornarmos nutridos e salutares; independentemente do nosso ponto de vista. Com eles, passamos a alimentar uma nova maneira de caminhar. Passamos a perceber qual é o sentido da nossa reencarnação. Não somos uma agulha no palheiro. Somos especiais no Universo. Únicos em toda a Obra da Criação. Detentores de um PROJETO inigualável, com PROCESSOS peculiares, próprios e característicos. Revestindo os PROCEDIMENTOS do nosso toque particular.

Em apocalipse 3:20, Jesus nos clarifica: "Eis que estou à porta e bato; se alguém ouvir a minha voz e abrir a porta, entrarei em sua casa e cearei com ele, e ele comigo".

Bater à porta é iniciativa dele; este é o PROJETO.

Ao dizer "se alguém ouvir a minha voz", podemos deduzir que muitos permanecerão surdos (ainda que temporariamente), distraídos, alienados, indiferentes. Temos aqui os PROCESSOS.

Absorvidos, quem sabe, por outros sons, outros apelos, outros convites. Insensíveis para como as próprias necessidades essenciais. Por deficiência auditiva espiritual, trazem os ouvidos moucos. Mas um triste quadro é de quem ouve, mas se esconde, finge que não está; fazendo-se oculto. São os PROCEDIMENTOS.

"E abrir a porta" é ir além do desejo, da vontade inerte, tomar uma iniciativa, ter presença de espírito com capacidade de agir, saindo do sofá do comodismo, deixando o controle remoto, o celular, o computador pessoal por algum tempo, para "abrir a porta" para receber o visitante mais extraordinário de todos os tempos. É preciso disposição. Diante de uma porta fechada, o Mestre da Educação respeita a vontade do morador ou moradores, respeitando a livre vontade de cada um ou de todos.

Estamos com disposição para abrir a porta do nosso Lar e as portas do nosso Coração para Jesus? Estamos desejosos de preencher com qualidade as nossas horas de existência? Existe motivação para introduzirmos luz em nossa casa, para que ela se transmude para um Lar? Estamos afinando os nossos ouvidos para ouvirmos o som da batida e a voz do Mestre? Ele nos convida ao cultivo do *Homo Spiritualis*; o queremos?

"Entrarei em sua casa e cearei com ele, e ele comigo". Sabemos que a ceia é a última refeição do dia. Após o jantar e antes do sono noturno. Temos aqui o compartilhar que Jesus propõe. O seu Evangelho é um presente de Deus para nós. Ele tem substâncias do mais alto valor nutricional para quem se disponha a abrir a porta. Ele ceia conosco, olhos nos olhos. Transbordando sentimentos nobres, irradiando energias salutares, realizando uma comunicação não verbal riquíssima de conteúdos, aconchegando-nos ao seu coração.

Foi justamente o que aconteceu com Simeão, conforme nos relata Irmão X, no livro *Antologia Mediúnica*, pela psicografia do médium Chico Xavier:

"Dizem que Simeão, o velho Simeão, homem justo e temente a Deus, mencionado no Evangelho de Lucas, após saudar Jesus criança no templo de Jerusalém, conservou-O nos braços acolhedores de velho, a distância de José e Maria, e dirigiu-LHE a palavra com discreta emoção:

— Celeste Menino – perguntou o patriarca. — Por que preferiste a palha humilde da Manjedoura? Já que vens representar os interesses do Eterno Senhor da Terra, como não vestiste a púrpura imperial? Como não nasceste ao lado de Augusto, o divino, para defender o flagelado povo de Israel? Longe dos senhores romanos, como advogarás a causa dos humildes e dos justos? Por que não vieste ao pé daqueles que vestem a toga dos magistrados? Então, poderias ombrear com os patrícios ilustres, movimentar-te-ias entre legionários e tribunos, gladiadores e pretorianos, atendendo-nos à libertação... Por que não chegaste, como Moisés, valendo-se do prestígio da casa do faraó? Quem te preparará, Embaixador eterno, para o ministério santo? Que será de ti, sem lugar no Sinédrio? Samuel mobilizou a força contra os filisteus, preservando-nos a superioridade; Saul guerreou até à morte, por manter-nos a dominação; David estimava o fausto do poder; Salomão, prestigiado por casamento de significação política, viveu para administrar os bens enormes que lhe cabiam no mundo. Mas... Tu? Não te ligaste aos príncipes, nem aos juízes, nem aos sacerdotes... Não encontrarias outro lugar, além do estábulo singelo?

Jesus menino escutou-o, mostrou-lhe sublime sorriso, mas o ancião, tomado de angústia, contemplou-O, mais detidamente e continuou:

— Onde representarás os interesses do Supremo Senhor? Sentar-te-ás entre os poderosos? Escreverás novos livros da sabedoria? Improvisarás discursos que obscureçam os grandes oradores de Antena e Roma? Amontoarás dinheiro suficiente para redimir os que sofrem? Erguerás novo templo de pedra, onde o rico e o pobre aprendam a ser filhos de Deus? Ordenarás a execução da lei, decretando medidas que obriguem a transformação imediata de Israel?

Depois de longo intervalo, indagou em lágrimas:

— Dize-me, ó divina criança, onde representarás os interesses de nosso Supremo Pai?

O menino tenro ergueu a pequenina destra e bateu muitas vezes naquele peito envelhecido que se inclinava já para o sepulcro...

Nesse instante, aproximou-se Maria e o recolheu nos braços maternos. Somente após a morte do corpo, Simeão soube que o Menino Celeste não o deixara sem resposta.

O Infante Sublime, no gesto silencioso, quisera dizer que não vinha representar os interesses do Céu nas organizações respeitáveis, mas efêmeras da Terra. Vinha da Casa do Pai justamente para representá-LO no coração dos homens."

Simeão é um exemplo de quem traz o Evangelho no coração. Trouxe-o em si e, embora não o soubesse, ele nos enche de esperança, pois é um digno representante do *Homo Spiritualis*.

O Evangelho no coração é uma necessidade urgente, um remédio imprescindível, uma medida preventiva indispensável, que é para ser atitude de primeiro plano.

E o Evangelho, por estar vinculado aos PROCEDIMENTOS, é um meio facilitador para que nas diversas situações da vida ilumine os nossos comportamentos, abreviando ações intempestivas das quais pouco teremos de que nos orgulhar.

Com ele no LUGAR SUBLIME que é o Coração, nossa afetividade sofrerá uma reversão das suas características instintivas, para as manifestações de entendimento, compreensão e tolerância. Onde desejos e inclinações descontrolados sofrerão o processo reeducativo da canalização destes potenciais, para a sua face positiva: boa vontade e tendências positivas.

Passaremos a considerar que somos capazes de ter bons sentimentos para conosco, e também agirmos com bons sentimentos na relação com os outros. Iniciamos o cultivo num coração aberto, com disposição, sinceridade e confiança. Deixamos de lado as mentiras e os temores. É um trabalho árduo, pede uma disposição de curto, médio e longo prazos. Um trabalho de formiguinha do bem.

O Evangelho segundo o Espiritismo é um autêntico Manual de Inteligência Espiritual. Em seus 28 capítulos, é um convite belíssimo para que unamos fé e razão. Associemos mente e sentimento. Com ele no LUGAR SUBLIME do CORAÇÃO, seremos espontâneos, simples, mas levando conosco uma substância da melhor qualidade, que é o AMOR, dentro da nossa capacidade máxima de expressão.

Mais uma vez, relembremo-nos da palavra de origem latina Lar, *Laris*, que significa "Espírito tutelar, Espírito protetor da casa, da família"; uma clara alusão sobre os laços que ligam encarnados e desencarnados, afinidade esta que pode ser refinada com a nossa participação consciente, prazerosa, motivada, com Jesus no Lar e o Evangelho no Coração, estabelecendo assim uma conexão qualitativa da nossa parte, quando saímos da inércia do comodismo e nos deslocamos para a condição de agentes ativos, dinâmicos e receptivos do Amor Sem Fronteiras.

Com que alegria os Espíritos tutelares, protetores do Lar e da família, receberão a Boa Nova, de que agora terão um ou mais parceiros militando na frente de trabalho do Amor Sem Fronteiras.

E este Amor é tão poderoso, que muitos Centros Espíritas tiveram como embrião Jesus no Lar e o Evangelho no Coração, o lugar Sublime, o escrínio da luz, o porta-joias do Espírito imortal, onde nem a ferrugem corrói, nem o ladrão pode furtar.

Busquemos, pelo menos uma vez por semana, reabastecer o Lugar Sublime do nosso Coração, nos braços amorosos e amigos de Jesus e seus Embaixadores, para que saiamos vitoriosos dos desafios que estão presentes em nossas existências.

Recepcionemos com alegria o Emissário do Amor de Deus!

•●•

Lugar sublime

Temos aqui o compartilhar que Jesus propõe. O seu Evangelho é um presente de Deus para nós. Ele tem substâncias do mais alto valor nutricional para quem se disponha a abrir a porta. Ele ceia conosco, olhos nos olhos. Transbordando sentimentos nobres, irradiando energias salutares, realizando uma comunicação não verbal riquíssima de conteúdos, aconchegando-nos ao seu coração.

SEJA BEM-VINDO, JESUS NO LAR

03

Jesus, ao reencarnar como filho de José e Maria, traz consigo um poder de transformação que até os nossos dias eles são nomeados de a Sagrada Família. Ele se submete a condições existenciais como as nossas, do ponto de vista material, mas, como ultrapassa a nossa realidade superficial, ele nos sinaliza com clareza que todas as famílias são sagradas; todas elas são fonte de profundo respeito, merecendo assim o seu patrocínio permanente.

E como ele sabia que a sua estada entre nós (como toda encarnação) seria apenas por algum tempo, deixou o sublime Evangelho como presente para a Humanidade, mas em particular deixou para a Família a Sagrada missão da Educação dos Espíritos imortais, e a instrumentalizou com o mais avançado código do caminho da felicidade, que é o Evangelho no Lar, em sua companhia, para que, trazendo-o no coração, passemos a ser extensões espontâneas dele na sociedade, interagindo com sucesso nas relações, tanto com encarnados quanto com desencarnados.

Vivenciamos um cotidiano no qual se fazem presentes ingredientes altamente tóxicos para as qualidades nas relações interpessoais. Por exemplo, a imprudência e a violência no trânsito; onde motoristas, pedestres, motociclistas, ciclistas, revelam um comportamento que pouco tem de civilizado. O estresse já está incorporado ao dia a dia de crianças e adultos como parte da vida. Infelizmente, temos crianças que usam remédios "tarja preta".

Interagimos, muitos de nós, melhor com máquinas e animais do que com membros da raça humana. Jesus é o contraponto para que rememos contra a maré enganosa da percepção apenas material do viver. Um elemento que faz uma diferença significativa é o ponto de vista sob o qual sentimos, pensamos e agimos em nossa atual caminhada.

Quais são os ingredientes que fazem parte do nosso cardápio existencial? Estaremos nos abastecendo em fontes poluídas ou seguras? Qual é o nosso padrão de seletividade em nosso dia a dia? O que pensamos além da nossa condição material? Estamos abrindo espaço para a maravilhosa conquista humana, que é de pensar a existência? Meditar sobre o nosso lugar no Universo? Raciocinar, fazendo assim a aeróbica dos neurônios? Filosofar, abrindo picadas na selva densa da nossa vida mental, oxigenando-a com o fluxo maravilhoso que a Doutrina Espírita coloca à nossa disposição?

Devido à nossa insuficiente maturidade, que podemos considerar como uma das fases de uma etapa evolutiva, na qual estamos identificados com a condição de homem-espécie; herança do nosso estágio no reino animal, naturalmente que sintonizaremos com facilidade maior, com os elementos que tenham características semelhantes, tendo como efeito consequente um quadro de resistência, onde, pela inércia existencial, usamos nossa força de Espírito imortal opondo ao fluxo natural do progresso do Ser em todos os sentidos. Ficamos marcando passo, acreditando que esta atitude representa a melhor resposta que podemos dar.

O progresso material, ausente da sua contraparte espiritual, nos faz acumuladores de coisas, detentores de bens que atendem ao nosso horizonte da miopia existencial, que se tornam nossos meios e fins, por meio dos quais acreditamos serem caminhos seguros para a nossa seguridade existencial.

Sem perceber, progressivamente, nos tornamos escravos de um sistema de viver no qual, entre o berço e o túmulo, somos identificados pelo registro de nascimento e mesmo antes de interagirmos com o mundo que nos cerca, seja falando ou andando, já temos um RG (Registro Geral) que pode se chamar Carteira de Identidade ou Cédula de Identidade, que por enquanto é o documento oficial de identificação no Brasil.

Temos também o CPF (Cadastro de Pessoa Física), que é o registro de um cidadão na Receita Federal brasileira no qual devem estar todos os contribuintes (pessoas físicas e estrangeiras com negócios no Brasil). O CPF armazena informações fornecidas pelo próprio contribuinte e por outros sistemas da Receita Federal.

E temos o RIC (Registro de identidade Civil), que é um documento que usa tecnologia *smart card*, similar a um cartão de crédito com chip, reúne os dados da cédula de identidade atual, CPF e título de eleitor, dentre outros, sendo integrado ainda com sistema informatizado de identificação de impressões digitais. O RIC foi concebido com o objetivo de integrar todos os bancos de dados de identificação do Brasil. Sua implantação iniciou-se em 2011, com planos de, em nove anos, estar universalizada.

Vejamos quantos recursos investimos para que a periferia do Espírito imortal seja devidamente atendida. Identificam-nos por números; não pela pessoa que somos. Se alguém falsifica os nossos dados, o sistema nos categoriza como homônimo, pouco considerando as diferenças existentes. E o mais bizarro é que compete a nós provar a diferença.

Quando se dá a nossa desencarnação, as nossas identificações numéricas são excluídas dos bancos de dados das diversas instituições, cessando assim o nosso valor diante do materialismo-utilitarista.

Mas, graças à mediunidade que nos comprova a imortalidade Pessoal de cada um de nós, podemos então enriquecer o nosso ponto de vista com uma pré-história formada por nossas anteriores existências; uma história em curso e outras que terão os seus capítulos escritos nas encarnações vindouras.

E Jesus, o Grande Vencedor, vem trazer para nós as Boas Notícias, superiores a qualquer telejornal, mais qualitativas do que o programa de televisão campeão de audiência, convidando-nos para que introduzamos em nossa existência a sua presença porta adentro do nosso Lar, ganhando assim a nossa intimidade domiciliar, para que possamos fruir das benesses da sua condição de representante do Reino de Deus.

Ultrapassando todos os limites humanos, ele traz até nós a plataforma do Reino de Deus nas consciências, que podemos afirmar ser o conjunto de compromissos da causa primária de todas as coisas, para com todas as obras da Criação, inclusive nos seres humanos, que trazemos sua Lei grafada na Consciência; dela, portanto não podendo fugir ou nos distanciar em tempo algum.

Com Jesus, nos qualificamos como sócio participante da Sociedade Humana, na riqueza da Linha do Tempo, onde nos deslocamos nas vidas sucessivas, no plural das reencarnações, onde, na questão 222 de *O Livro dos Espíritos*, poderemos encontrar maiores elucidações.

Na Linha da Vida, onde nos qualificamos na vida social, pois como afirmam os Espíritos na Lei de Sociedade, "Certamente Deus fez o homem para viver em sociedade", onde o Lar se configura como um templo de acolhimento do Espírito imortal. Uma microssociedade; um retrato fiel do que se reflete no coletivo dos mais de sete bilhões de Espíritos aqui reencarnados.

Jesus no Lar tem uma dimensão que extrapola a nossa empobrecida perspectiva da vida apenas na matéria. É um chamado para que possamos adentrar ao rico universo da vida sem fim, das magníficas possibilidades divinas que trazemos conosco, sem qualquer exclusão.

Ele é sempre presente do indicativo. Dinâmico. Moderno. O que o Homem do presente aspira a ser e, com certeza, no futuro o será.

O seu Evangelho é a resposta de Deus a todas as aspirações nobres do ser humano. É para que saiamos do jeito de ser minúsculo do homem-espécie, e adentremos com segurança as faixas luminosas do *Homo Spiritualis!*

Assim se exprime Emmanuel, em Pedro Leopoldo, no dia 3 de outubro 1949, na introdução do livro *Jesus no Lar*, ditado pelo Espírito Neio Lúcio ao médium Chico Xavier:

"Para a generalidade dos estudiosos, o Cristo permanece tão somente situado na História modificando o curso dos acontecimentos políticos do mundo; para a maioria dos teólogos, é simples objeto de estudo nas letras sagradas, imprimindo novo rumo às interpretações da fé; para os filósofos, é o centro de polêmicas infindáveis e, para a multidão dos crentes inertes, é o benfeitor providencial nas crises inquietantes da vida comum.

Todavia, quando o homem percebe a grandeza da Boa Nova, compreende que o Mestre não é apenas o reformador da civilização, o legislador da crença, o condutor do raciocínio ou o doador de facilidades terrestres, mas também, acima de tudo, o renovador da vida de cada um.

Atingindo esse ápice do entendimento, a criatura ama o templo que lhe orienta o modo de ser; contudo, não se restringe às reuniões convencionais para as manifestações adorativas e, sim, traz o Amigo Celeste ao santuário familiar, onde Jesus, então, passa a controlar as paixões, a corrigir as maneiras e a inspirar as palavras, habilitando o aprendiz a traduzir-lhe os ensinamentos eternos por meio de ações vivas, com as quais espera o Senhor estender o divino reinado da paz e do amor sobre a Terra.

Quando o Evangelho penetra o Lar, o coração abre mais facilmente a porta ao Mestre Divino.

Neio Lúcio conhece esta verdade profunda e consagra aos discípulos novos algumas das lições do Senhor no círculo mais íntimo dos apóstolos e seguidores da primeira hora.

Hoje, que quase vinte séculos são já decorridos sobre as primícias da Boa Nova, o domicílio de Simão se transformou no mundo inteiro...

Jesus continua falando aos companheiros de todas as latitudes. Que a sua voz incisiva e doce possa gravar no livro de nossa alma a lição renovadora de que carecemos à frente do porvir, convertendo-nos em semeadores ativos de seu infinito amor, é a felicidade maior a que poderemos aspirar."

Ele é o grande renovador da célula social do nosso Planeta: você e eu, pai e mãe, irmão e irmã, amigo e inimigo, parentes e adversários, conhecidos e desconhecidos; não importa quem quer que seja, fazemos parte desta família planetária, que ainda não despertou para os laços que nos unem.

Sua ação é Planetária. Ampla. Sem fronteiras. A Globalização do Bem por intermédio daqueles de nós que se disponham a tê-lo como parceiro existencial. O Evangelho no Lar é uma escolha sem contraindicação, cujos efeitos colaterais são os do Bem.

O Jesus no Lar não está vinculado a qualquer religião, pois Jesus é o agente Universal do Pai. Sua presença não está restringida por qualquer limitação humana, teológica, ortodoxa, exclusivista. Seja bem-vindo, Jesus, no Lar! Sinta-se acolhido no Lar aconchegante dos nossos corações. Que façamos luz em nosso jeito de sentir, de pensar a de agir

Ora, quando dizemos: "Seja bem vindo ao Lar, Jesus", devemos estar revestidos, não apenas das aparências, que na maioria das vezes enganam, mas sim, revelando a nossa essência; está sim, a nossa verdadeira face. O visitante, representado por seus Embaixadores Amigos, não pede nada mais do que o tesouro que carregamos no coração. Pois onde estiver o nosso coração, aí estaremos. O coração sintonizado com o Mestre e os seus Embaixadores os acolhe com elegância, gentileza, cortesia, educação, prazer, onde uma psicosfera; ou seja, uma atmosfera espiritual rica de conteúdo, energias regenerativas, trocas vibratórias na qual a doação é a nota dominante, torna o encontro semanal um momento especial.

Dependendo de como sentirmos esse encontro, poderemos irradiar os seus efeitos físicos, mentais, emocionais, psicológicos e espirituais em nosso cotidiano, agregando qualidade à vida! Inclusive favorecendo um sono de melhor qualidade, pois na medida em que nos identificamos com as boas companhias espirituais, naturalmente, ao nos desprendermos dos laços que nos prendem ao corpo físico por meio do sono, vamos vivenciar experiências e aprendizados da melhor qualidade, onde Jesus no Lar e o Evangelho no Coração selecionam naturalmente as companhias espirituais que serão nossos parceiros.

•●•

Seja bem-vindo no lar, Jesus

Jesus no Lar tem uma dimensão que extrapola a nossa *empobrecida perspectiva da vida apenas na matéria; é um chamado para que possamos adentrar ao rico universo da vida sem fim, das magníficas possibilidades divinas que trazemos conosco, sem qualquer exclusão, pois somos todos fadados à perfeição.*

MUNDIVISÃO COM JESUS

04

Jesus, ao se materializar pela reencarnação entre nós, abre os portais de uma mundivisão, que é uma visão de mundo, do mundo, da existência, do cosmo e do universo. Revolucionário, ele nos introduz no universo da interação entre encarnados e desencarnados, desencarnados e encarnados; seu nascimento é anunciado à sua mãe, na intimidade do Lar. Os Espíritos dizem a José e Maria para transferirem o seu Lar por algum tempo para o Egito, até que cessassem as perseguições de Herodes.

Pós-desencarnação, ele se materializa em diversas oportunidades, sendo uma delas quando os discípulos se reúnem no Lar de um deles, e ele se faz presente, como nos informa João em seu evangelho capítulo 20, versículo 19: "Então, sendo na tarde daquele primeiro dia da semana, e estando fechada a porta do lugar onde os discípulos estavam, por medo dos judeus, veio Jesus, pôs-se de pé no meio deles e lhes diz: 'Paz convosco!'."

Felizmente reencarnam entre nós Espíritos que já trazem compromisso e maturidade; mensageiros de Jesus para o nosso grande Lar: o planeta Terra. Feliz associação que produz causas e efeitos da melhor qualidade, tanto na esfera individual quanto coletiva, contribuindo para uma mundividência otimista sobre o nosso futuro de *Homo Spiritualis*.

Apenas para pinçarmos um exemplo dentre milhares, Albert Bruce Sabin (1906-1993), pode tranquilamente ser considerado um representante da equipe de compromisso e maturidade. Com a ameaça da pólio crescendo após a Segunda Guerra Mundial, ele e outros pesquisadores, notadamente Jonas Salk, iniciaram a busca por uma vacina para prevenir ou amenizar a doença. A vacina de Salk, desenvolvida com vírus "inativado ou morto", foi testada e liberada para o uso em 1955. Ela era eficaz na prevenção da maioria das complicações da pólio, mas não prevenia a infecção inicial.

A inovação de Sabin aconteceu cerca de cinco anos depois, quando o Serviço Público de Saúde dos Estados Unidos apoiou sua vacina com vírus "vivo" para a pólio, em 1961. Seu produto, preparado com o vírus atenuado da pólio, poderia ser tomada oralmente, e prevenia a contração da moléstia. Esta é a vacina que eliminou efetivamente a pólio em quase todo o mundo (exceto em alguns países na África e Ásia).

Sabin renunciou aos direitos de patente da vacina que criou, facilitando a difusão da mesma e permitindo que crianças de todo o mundo fossem imunizadas contra a poliomielite, que é mais conhecida como paralisia infantil, no Brasil. Erradicada do Brasil desde a década de 90. Ele nos revela como podemos ter uma mundivisão afirmativa, gerando um generoso círculo virtuoso.

Provavelmente todos já tomamos a conhecida "gotinha que salva", independentemente de sabermos ou não quem a desenvolveu. Podemos considerá-lo um Lar; palavra de origem latina Lar, *Laris*, que significa "Espírito tutelar, Espírito protetor da casa, da família", senão observemos: "a gotinha que salva" tem efeito mundial (protetor planetário), defensor da infância de todos os continentes (atingindo os Lares sem restrição), promotor da saúde familial (filhos saudáveis, pais felizes). Um soldado do Cristo! Um mundividente do Cristo!

Somos beneficiários de pessoas que nem sequer conhecemos, mas cujas causas e efeitos, usufruímos para que o nosso desenvolvimento encarnatório seja amplamente facilitado.

Quantas vezes usamos da Psicologia da Gratidão para com Albert Sabin? Em quantas das nossas conversas louvamos a sua renúncia aos direitos de patente? Conseguimos sentir a sua postura de facilitador da saúde infantil? Em quantas ocasiões conversamos com os nossos filhos sobre quem é Albert Sabin, pois "a gotinha que salva" felizmente é do presente do indicativo?

Não é aconselhável que nos sintamos uma ilha individual atendida em todas as suas necessidades egoísticas, pois com tal atitude estaremos indo na contramão do que nos pede um Planeta aspirante à categoria de Regeneração, que necessita naturalmente de uma população que esteja inserida em tal processo.

Ninguém se faz sozinho. Ninguém chega a ponto algum sem contar com pessoas ponte. Ninguém usufrui de "conquistas" sem contar com pessoas pontes. Um empresário, sem os seus colaboradores, poderia tocar o seu empreendimento? Um médico sem instrumentos, como poderia executar cirurgias? Como comprarmos um automóvel sem a montadora que construa? E as casas que habitamos; como seria possível ocupá-las sem os profissionais que oferecem o seu labor para o nosso conforto? Os aviões que nos ajudam a encurtar distâncias; como construí-los com as nossas próprias mãos?

Ainda que sejamos detentores de um bom poder aquisitivo, que possamos viver despreocupados com "o pão de cada dia", somos interdependentes; estamos em mútua dependência. Ao chegarmos a este Mundo, alguém nos tirou do ventre materno. Ao sairmos daqui um dia, também necessitaremos, ao menos, de quem se disponha a cuidar da burocracia que antecede o nosso descredenciamento, como alguém que encerra mais uma passagem, deixando de existir para a sociedade encarnada.

Na mundividência, sob a Luz da Doutrina Espírita, não existe "carreira solo"; ela só se faria presente caso produzíssemos tudo o que consumimos, plantássemos os nossos alimentos e até o algodão de que são feitas as roupas que usamos.

Um dos traços mais doentios que desenvolvemos, associado ao egoísmo, é o individualismo, onde nos colocamos como centro do minúsculo universo pessoal e, a partir dele, passamos a estabelecer como queremos que a vida seja. Que tem como consequência sobre nós uma fraca percepção do que seja coletivo, onde os verbos estão nas pessoas do plural. Preferimos a primeira pessoa do singular: eu.

Aparentemente a atual realidade parece confirmar a nossa posição materialista-utilitarista, consumo, lavagem mental e emocional, psicológica e social. Onde somos induzidos a eleger o "ter" como a melhor escolha. Produtos tornam-se descartáveis em questão de dias, horas, semanas. Ficam ultrapassados. Obsoletos. E a febre do consumo nos leva à ansiedade, frustração, sensação de fracasso.

Mas Albert Sabin nos evidencia que uma visão superficial pode nos levar a enganos e equívocos. O que felizmente pode ser corrigido, desde que nos disponhamos ao desenvolvimento de uma mundividência enriquecida pela proposta Espírita.

Mundividência é uma compreensão do Mundo, onde a vida espiritual do ser humano também é considerada, onde existe uma Organização Inteligente no Universo e as descobertas científicas nada mais fazem do que afirmar a presença de uma central única: Deus.

A mundividência espírita representa um avanço, acrescentando ao nosso ponto de vista – maneira de ver, sentir, interpretar a vida e as relações – ingredientes tais como: Deus como causa primária, nossa imortalidade pessoal, a sucessão existencial pela lei da reencarnação, o mundo espiritual como original (causa e não efeito), a mediunidade como elemento facilitador do contato entre encarnados e desencarnados, as maravilhas que as Leis Morais nos descortinam; dentre tantas outras propostas que brotam das obras básicas: *O Livro dos Espíritos*, *O Livro dos Médiuns*, *O Evangelho segundo o Espiritismo*, *O Céu e o Inferno* e *A Gênese*.

Uma enciclopédia ofertada para que saiamos das reencarnações de fraco teor proveitoso e nos lancemos mais arrojados e corajosos na edificação de uma nova consciência. Um tesouro inesgotável à nossa disposição, para que sejamos desde já ricos dos valores do Espírito imortal.

E para que atinjamos uma mundividência qualitativa, Jesus no Lar é uma presença indispensável. Assim como abastecemos a nossa despensa, ele é fonte de nutrição espiritual. Ele é a resposta para todas as perguntas e questionamentos.

Podemos ter casas de diversos tipos: palacetes e barracos; apartamentos e quitinetes; coberturas ou palafitas; habitações sofisticadas ou populares; palácios com quartos a perder de vista ou uma habitação coletiva; somente podem ser elevados à categoria de Lar, quando o mundividente Jesus é convidado à realização do Evangelho no Lar.

Pois o Lar é a Universidade do Espírito imortal. A casa recebe o corpo; o Lar acolhe o Espírito. A casa são as coisas necessárias para a vida da matéria; o Lar é construído pelas paredes invisíveis dos sentimentos dos seus integrantes. A casa é o resultado dos valores sociais do seu tempo; o Lar é a soma dos valores espirituais dos seus componentes.

O Lar, sob a luz de Jesus, é uma instituição de vivência, onde existe esforço, para que um padrão de relacionamento superior esteja presente no presente do indicativo. Os cursos e as matérias são de acordo com as necessidades da equipe familial. A graduação se faz no cotidiano. As lições presentes na esfera espiritual, mental emocional e psicológica, tendo como elemento convergente o corpo físico, intermediário do Espírito imortal.

A pós-graduação se desenvolve por meio do desenvolvimento das habilidades de um artesão relacional, onde, aplicando doses generosas de REFLEXÃO-AÇÃO AÇÃO-REFLEXÃO, melhoramos o nosso padrão de qualidade na vida intrapessoal (consigo mesmo) e interpessoal (com os outros), e também interespiritual (com os Espíritos desencarnados).

Amigo leitor, como anda nossa mundivisão sobre os valores do imortal Espírito? E nossa mundissensação sobre a realidade materialista que nos envolve e seduz? Em que medida a nossa relação com o Evangelho no Lar é um prazer, uma motivação? Ou uma obrigação chata e enfadonha, na qual fazemos viagens mentais em outras direções? Como sentimos Jesus no coração? Seu reflexo está presente quando brigo, xingo? O que trazemos no banco do passageiro, no trânsito de nossa cidade? Ele é a nossa inspiração ao recebermos uma "fechada", de outro motorista? Ouvimos o seu chamado? Ou será que pedimos para ele tapar os ouvidos, para não ouvir a nossa mundiexplosão?

Felizmente, podemos fazer muito melhor, patrocinando a mundivisão do amor. Podemos ser exportadores dos bons efeitos do Evangelho no Lar. Ora, para que possamos extrair o máximo possível de produtividade existencial da presente encarnação, sem conexões espirituais de qualidade, teremos grandes dificuldades, para atingir os objetivos do nosso projeto existencial.

Apenas para exemplificar, Valdemar (1967-2014) um dos meus irmãos, reencarnou com um projeto existencial da melhor qualidade: Seria médium de cura. Mas devido a desvios do percurso planejado, tanto pela aplicação menos positiva do livre-arbítrio, como pelas influências espirituais com as quais ele tem afinidade, mais a influência do meio; o planejamento encarnatório fracassou em seus objetivos, pois, sem desenvolver uma mundivisão do Espírito, ele não abriu a porta do coração para que Jesus e os seus Embaixadores ali adentrassem, e o Evangelho no coração não floresceu.

Somente no último ano da sua encarnação, ele decidiu abrir a porta, felizmente, Jesus e os seus Embaixadores entraram e o Evangelho no coração começou a florescer. O que posso afirmar é que está valendo a escolha feita há 35 anos, por Jesus no Lar e o Evangelho no Coração.

•••

Mundivisão do Espírito:

O Lar sob a luz de Jesus é uma instituição de vivência, onde existe esforço, para que um padrão de relacionamento superior esteja presente no presente do indicativo. Os cursos e as matérias são de acordo com as necessidades da equipe familial.

EVANGELHO NO CORAÇÃO

05

Desejo aqui, leitor amigo, compartilhar contigo algumas situações que vivenciamos no nosso (hoje) Lar, para que não passe pela sua cabeça a ideia de que passo por uma existência do tipo "uma casinha branca no alto da serra".

Como todos os habitantes deste Planeta, ainda sou um Espírito às voltas com diversas questões que ainda não estão bem resolvidas. Mas felizmente a Doutrina Espírita está me oportunizando instrumentos excelentes para a renovação e transformação como parte ativa do cardápio existencial, no presente do indicativo e na primeira pessoa do singular: eu.

Portanto, olhem-me com os olhos de misericórdia, pois, como afirmo, sou um prisioneiro que está em liberdade condicional e, graças à maravilhosa advogada que é a Doutrina Espírita, estou prorrogando o prazo, ajustando-me lentamente ao projeto Divino a meu respeito.

E o que posso afirmar com convicção é que Jesus no Lar e o Evangelho no Coração são os maravilhosos agentes facilitadores do meu reajustamento mental, comportamental, espiritual, fortalecendo a minha disposição cotidiana de apenas por hoje me conservar sóbrio existencialmente.

Tenho um irmão, o Valdemar (1967-2014), que infelizmente deixou passar a oportunidade de se modificar sob a Luz de Jesus no Lar e o Evangelho no Coração. Aproveitou-a, felizmente, em parte. Como todos nós, ele nós trouxe o seu PPP (PROJETO–PROCESSOS–PROCEDIMENTOS) dentro de uma dosimetria de acordo com as suas condições evolutivas, nada além da sua capacidade de suportação. Atentemos:

PROJETO – Uma encarnação com grandes desafios, tanto pessoal (superação das suas limitações), familiar (reencontro com alguns desafetos), espiritual (desvinculação de algumas companhias espirituais), mental (alteração do padrão de pensamento), emocional (abrir-se afetivamente, para relações qualitativas) e comportamental (melhor compreensão e aceitação). Também se fazem presentes elementos facilitadores, como uma inteligência privilegiada, uma memória fantástica; no campo profissional, os patrões vinham procurá-lo em casa e, principalmente, uma mãe extraordinária que na sua simplicidade nos passava sua grandeza. A mediunidade de cura como instrumento de cura para o Espírito em recuperação que ele é. Podemos dizer que é um PROJETO FACILITADOR.

PROCESSOS – Chega o momento de operacionalizar, ou seja, de mergulhar na matéria pela encarnação, e confrontar a si mesmo, e todo o entorno familiar, pai (com certeza um reencontro não espontâneo, repleto de conflitos), mãe, irmãos (alguns com forte aversão, outros indiferença, quase nula a afetividade). Consideremos também os adversários desencarnados, e os ex-parceiros das equipes antibem, que não se conformaram com a "perda do companheiro". Reencontro com encarnados afins que pouco desejam contribuir para o seu real crescimento. Eclosão das suas tendências não positivas.

PROCEDIMENTOS – Ele fez a opção pela revolta, rebeldia, inconformismo, vitimismo, desenvolvendo comportamentos autodestrutivos, alienantes, que no fundo eram um grito de protesto daquilo que, na sua visão, não deveria acontecer. Abrindo brechas para que, tanto os adversários como os ex-parceiros desencarnados, pudessem ajudá-lo a se autoenvenenar, uma vez que, pela lei da afinidade, atraiu encarnados que não estavam focados na sua felicidade.

Envereda pela criminalidade, adentra ao mundo das drogas, vício do álcool e fumo. Mantendo-se ao longo da presente encarnação na contramão do projeto existencial. Sua Mundivisão permanece estagnada na pobreza de Espírito, apesar da riqueza da oportunidade.

Mas sua opção pela insensibilização, resistindo ao suave convite para introduzir em seu existir o Evangelho no Coração, por intermédio de Jesus no Lar, acabou sendo vencida no seu último ano de encarnação onde, de livre e espontânea vontade, iniciou sua participação no Jesus no Lar, lentamente iniciando a transformação da rocha bruta dos sentimentos endurecidos e defensivos na pedra angular da renovação emocional, dando início ao processo de abertura para a entrada da Luz, manifestada no Evangelho no Coração.

Presentemente, segundo informações e percepções captadas da realidade espiritual, ele está acolhido em um Posto de Socorro localizado nas imediações aqui da Crosta. Mais uma vitória do Evangelho no Coração, por intermédio de Jesus no Lar.

É Jesus com certeza que nos sinaliza como conduzir nossos sentimentos com compreensão e entendimento, discernimento e sabedoria. Apontando-nos sempre atitudes que nos qualificam como agentes ainda incipientes na edificação do Homem de Bem, ou *Homo Spiritualis* que nos é proposto em *O Evangelho segundo o Espiritismo* em seu capítulo 17, item 3.

Agentes incipientes sim, pois recém-egressos das fileiras do homem-espécie, damos os nossos primeiros passos rumo à construção do *Homo Spiritualis*, com o cultivo da consciência desperta, condição que nos deve dar a condição de otimista do cotidiano, pois milênios nos aguardam pela frente, repletos de experiências e aprendizados.

Felizmente ele nos envia mensageiros constantemente, nos mais diversos continentes e países, raças e culturas, que são verdadeiras vitrines de exemplificação da evolução do Espírito. Dando-nos um alento para mantermos acesa a chama da certeza da perfectibilidade de todos os Seres Humanos, sem exclusão alguma.

Agora vamos para um contraponto, bem diferente do meu irmão, que é alguém que já traz o Evangelho no Coração, sem dificuldades, medos, traumas, inseguranças ou indiferença. Quero aqui deixar bem claro que dentro da sua Imortalidade Pessoal, meu irmão fatalmente chegará à perfeição, pois não existem órfãos de Deus! Ele chegará, em algum momento, em condição semelhante ao Senhor Hamilton Naki, que nos exemplifica o quanto um *Homo Spiritualis* independente de quaisquer obstáculos aparentes:

Tranquilamente podemos considerar Hamilton Naki (1926-2005) como um dos representantes ativos (recordando-nos que não perdemos nossas conquistas espirituais mesmo pós-desencarnação) do *Homo Spiritualis*, pois ele já trazia em si a grafia do Evangelho no Coração, sendo uma clara demonstração de que podemos fazer a diferença independentemente do meio que nos cerca.

"Hamilton Naki era um grande cirurgião. Foi ele quem retirou do corpo da doadora o coração transplantado para o peito de Louis Washkanky, em dezembro de 1967, na cidade do Cabo, na África do Sul, na primeira operação bem-sucedida de transplante cardíaco humano.

O transplante de coração é um trabalho delicadíssimo. O coração doado tem de ser retirado e preservado com o máximo de cuidado. Naki era talvez o homem mais importante na equipe que fez aquele que foi o primeiro transplante cardíaco da história. Mas ele não podia aparecer, porque era negro no país do *apartheid.*

O cirurgião-chefe do grupo, o doutor Christian Barnard (1922-2001), tornou-se uma celebridade instantânea. Mas Hamilton Naki não pôde nem sair nas fotografias da equipe e quando, por descuido de um fotógrafo desavisado, apareceu numa, o hospital informou que se tratava do faxineiro do prédio. Naki usava jaleco branco e máscara, mas jamais estudara medicina ou cirurgia.

Ele foi obrigado a largar a escola aos 14 anos para trabalhar, mas procurou ficar próximo daquilo que era o seu sonho, a medicina. Conseguiu então um emprego para cuidar do chiqueiro e logo depois de jardineiro na Escola de Medicina da Cidade do Cabo. Como era muito curioso, aprendia tudo e depressa se tornou o faz-tudo na clínica cirúrgica da escola, onde os futuros médicos treinavam as técnicas de transplante em cães e porcos.

Foi assim que ele aprendeu a cirurgia, assistindo experiências com animais. Tornou-se um cirurgião excepcional, a tal ponto que Barnard requisitou-o para a sua equipe. Mas como? Isso era uma quebra das leis sul-africanas. Naki, negro, não podia operar pacientes nem tocar no sangue de brancos. Mas o hospital abriu uma exceção para ele.

Tornou-se um famoso e requisitado cirurgião, mas clandestino. Era o melhor no que fazia; dava aulas aos estudantes brancos, mas ganhava salário de técnico de laboratório, o máximo que era permitido por lei pagar a um negro. Vivia num barraco sem luz elétrica nem água corrente, num gueto da periferia.

Hamilton Naki ensinou cirurgia durante 40 anos e aposentou-se com uma pensão de jardineiro, de 275 dólares por mês. Depois que o *apartheid* acabou, ganhou uma condecoração e um diploma de médico *"honoris causa"*. Nunca reclamou das injustiças que sofreu a vida toda, ao contrário, agradecia sempre por ter podido ajudar a salvar a vida de tanta gente.

Apesar da sua clandestinidade e da discriminação latente que sofreu, jamais deixou de dar o melhor de si."

Somente quem já trouxesse o Evangelho no Coração poderia ter realizado tal empreitada com sucesso! Que tal tomarmos a iniciativa de introduzir em nosso cardápio existencial drágeas diárias de atitudes qualitativas, onde o Evangelho no Coração possa dar o tom? Possa ditar o ritmo? Direcione nossa inteligência para a condição de espiritual?

Sem sombra de dúvida, o Evangelho no Lar é um magnífico campo facilitador para que possamos nos inspirar e nos motivar a sermos patrocinadores de um jeito de ser facilitador.

Certamente amigo leitor, dispomos de condições mais facilitadoras do que Hamilton Naki. Senão, vejamos:

Já cuidamos alguma vez de um chiqueiro? Submeteríamonos a ser jardineiro? Viveríamos em um barraco, sem luz ou água corrente? Aceitaríamos uma condição de anonimato, mesmo fazendo realizações extraordinárias? E a cor da sua pele, que já o colocava naturalmente na exclusão social? Se fossemos despidos de todos os nossos adornos: como condição social, estudo, emprego, salário, como nos sentiríamos?

E o que ele faz com tudo isso? Simplesmente dá o seu recado. Realiza o seu empreendimento existencial. E nós, estaremos abrindo espaço para Jesus no Lar do nosso Coração? Abrindo frestas para que a sua luz nos ajude nas estradas existenciais? Compartilhando como ele o que somos e o que temos?

O que significa para nós o Evangelho no Lar? Investimento? Prazer? Alegria? Motivação? Rotina? Automatismo? Obrigação?

O Evangelho no Coração é um poderoso agente de Cidadania, pois nos sinaliza o exercício consciente da condição de cidadão, com direitos e deveres; portanto, uma via de duas mãos. Podemos assim pautar nossas atitudes dentro da ampla visão que a Doutrina Espírita nos disponibiliza, de que somos Cidadãos Universais, com uma amplitude de ação que transcende a periferia do Espírito, que é matéria.

Com o Evangelho no Coração, aclimatamos com mais facilidade as sementes qualitativas das potências da alma, como por exemplo, delicadeza, sensibilidade, afabilidade, doçura, empatia. Passamos assim a nos sintonizar com as correntes mentais positivas, e nosso "peso social" sofre assim uma melhoria significativa.

É ilusão imaginarmos que a nossa existência não tenha repercussões. Ela gera causas e efeitos, influencia e é influenciada. Ainda que não queiramos, interagimos o tempo todo. Não existe elemento neutro no Universo.

Evangelho no Coração é o nosso Universo pessoal enriquecendo o Universo Coletivo. Ele representa a nossa contribuição pessoal cotidiana, nos variados eventos que se fazem presentes nas relações interpessoais. Ele no Coração é fonte perene de Amor.

Hamilton Naki foi um pioneiro dos bastidores da cirurgia cardíaca. Que tal introduzirmos o Jesus no Lar com Amor, para que o nosso Coração, com o Evangelho dentro, seja uma minicentral do *Homo Spiritualis*, protótipo do Homem Universal.

•●•

Evangelho no coração

Hamilton Naki foi um pioneiro dos bastidores da cirurgia cardíaca, que tal introduzirmos o Jesus no Lar com Amor, para que o nosso Coração com o Evangelho dentro, seja uma minicentral do Homem de Bem, protótipo do Homem Universal...

EQUIPAGEM FAMILIAL

06

Seria bem conveniente para a nossa zona de conforto que os nossos empreendimentos existenciais fossem como uma viagem de transatlântico, no qual fôssemos apenas passageiros. Onde imperassem sombra e água fresca. Mas como tal processo nos reserva diversas situações que nem sempre são consideradas por nossa programação, seria uma atitude de inteligência espiritual que diminuíssemos a nossa ignorância e aumentássemos o nosso conhecimento consciente.

É muito interessante que quando focamos um determinado assunto, ele nos revela aspectos que superam a nossa fértil imaginação, deixando-nos assim surpresos pela riqueza de detalhes. Mostrando-nos que, limitados por nosso cotidiano, ignoramos a maior parte da realidade que nos cerca.

Há pessoas que dizem: eu sei isso, eu sei aquilo, sei tudo. Já vivi muito e não tenho mais nada que aprender. Com certeza não leram sobre Sócrates (470 a.C-399 a.C) que foi um filósofo ateniense, que ao receber a informação de Querofonte de que o oráculo de Delfos o havia apontado como o mais sábio dos homens, dentre outras coisas, disse a frase: "eu sei que nada sei", revelando assim a qualitativa postura de aprendiz.

Atitude digna de ser por nós imitada, para que realizemos com sucesso o parto das ideias, sob a ótica da Doutrina Espírita, presente dos Espíritos para a nossa Humanidade, mas principalmente para aqueles cuja consciência é por ela sensibilizada.

Para que possamos renovar nosso modelo da mundivisão materialista, é imprescindível o nosso desejo de lançar um novo olhar sobre a ilusória realidade na qual nos movimentamos, para que assim as nossas perspectivas sejam enriquecidas pela realidade do Espírito que cada um de nós é.

Quando observamos o transatlântico Queen Mary 2, ficamos impressionados como a mente humana é fértil em sua criatividade. Lançado ao mar em 4 de julho de 2002, é um atestado de que quando queremos, fazemos, superando as experiências-desafio presentes, materializando uma obra que enche os olhos.

Alguns detalhes que foram colhidos da pt.wikipedia.org/wiki se revelam interessantes:

Para construir o Queen Mary 2 foram investidos 880 milhões de dólares, valor que daria para adquirir quatro Boeing 747-400.

A maior parte das cabines custa entre 2.000 e 5.000 dólares.

O navio tem 385.88 metros de comprimento. Colocado de pé, seria maior que a Torre Eiffel, que mede 324.

Pesa 150.000 toneladas, ou seja, três vezes a mais que o Titanic, que pesava 46.000.

São 17 conveses, totalizando 72 metros de altura, o equivalente a um prédio de vinte e três andares.

Existem 10 restaurantes a bordo, que servem 1,5 milhão de bebidas por ano e 28 toneladas de lagosta.

O transatlântico tem cassino, teatro com 1100 lugares e até um planetário; o único do gênero em alto mar.

São 1310 cabines. Ao todo, o navio tem 2000 banheiros.

A capacidade total é de 2620 passageiros.

O navio tem 30.000 mil pontos de luz e consome energia suficiente para alimentar metade da cidade de Southampton (que possui cerca de 230.00 habitantes), onde se localizam seus estaleiros.

Agora, para que os seus passageiros possam desfrutar de tantas mordomias e lazer, existe a necessidade da Equipagem ou tripulação, que é o grupo de pessoas que mantém o funcionamento e os serviços de bordo de navio que, no caso do Queen Mary 2, pode chegar a 1450 colaboradores!

Estes vão desde operadores de convés, que respondem pela navegação do navio, comandante, imediato, pessoal das máquinas, que são os oficiais de máquinas, oficial eletrotécnico, mecânico de bordo; pessoal das câmaras e estão incluídos os marítimos responsáveis pela administração, gestão financeira, abastecimento, alimentação e serviços gerais de bordo, comissário, despenseiro, pasteleiro, barbeiro, manicure; e o pessoal da saúde composto de oficiais médicos e enfermeiros.

Guardadas as devidas proporções, podemos equiparar a reunião de Espíritos sob o mesmo teto como Equipagem Familial.

Allan Kardec, em *O Livro dos Espíritos*, na questão 774, leva aos Espíritos Superiores a seguinte inquirição: "Há pessoas que deduzem, do abandono das crias pelos animais, que os laços de família entre os homens não são mais que o resultado de costumes sociais e não uma lei natural. Que devemos pensar disso?".

Que riqueza na respostas dos Espíritos:

"O homem tem outro destino que não o dos animais; por que, pois, querer sempre identificá-los? Para ele, há outra coisa além das necessidades físicas; há a necessidade do progresso. Os liames sociais são necessários ao progresso, e os laços de família resumem os liames sociais; eis porque eles constituem uma lei natural. Deus quis que os homens, assim, aprendessem a amar-se como irmãos."

Recordemo-nos de que a Lei Natural é a Lei de Deus; é a única necessária para a felicidade do homem. Por mais que queiramos justificar as nossas infantilidades, ou buscarmos subterfúgios para tentar anestesiar a nossa consciência, podemos realizar a inversão de valores que quisermos, patrocinarmos posições antilei natural, teremos que refazer tudo aquilo que revele um afastamento dela. Estamos contidos na Lei Natural, nela vivemos, nela nos movemos, nela somos seres interexistentes, não havendo assim zona de escape, dispondo ela de mecanismos naturais para neutralizar, corrigir, possíveis rotas de fuga.

Eles dão uma devolutiva, cujo conteúdo necessita de uma boa digestão da nossa parte. Nossa destinação é mais nobre do que a destinação dos animais. Assim sendo, incorremos em uma ação antilei natural, quando dedicamos um sentimento maior pelos animais do que pela Equipagem Familial ora presente em nossa existência, em nosso navio existencial. Podemos ter amor pelos animais, colocando-os no seu lugar em nossa mundivisão.

Somos assim tripulantes da nau familiar, uma miniatura da nossa sociedade, que é o seu natural reflexo. Ela está inserida na Lei do Progresso.

Estamos presos a alguns, unidos a outros, pois a ligação existe, o vínculo é real. A despeito das aparências em contrário, em que a mídia principalmente a televisiva, alardeia a inversão de valores, onde lealdade, fidelidade, parceria, afetividade, parecem ser valores de contos de fada, tal situação se configura uma turbulência temporária, que objetiva desequipar a Equipagem Familial, colaborando para que os seus tripulantes fragilizem os liames, considerando-os descartáveis ou desnecessários.

A Equipagem Familial está revestida não de placas de aço, mas sim de um único Objetivo Divino: que aprendamos a nos amar como irmãos. Sua altura é correspondente à estatura moral dos seus membros; a oportunidade de fazermos parte da Criação não tem preço; os degraus da evolução familial perdem-se no infinito.

Ela se revela muito maior do que 17 conveses, pois seus níveis refletem a diversidade dos Espíritos aqui reencarnados. Nela, podemos ser um operoso operador de convés relacional; um operador lubrificador dos liames familiais; um oficial de máquinas mentais pró-ativas; um eletrotécnico eficiente na prevenção de curtos-circuitos afetivos desencapados; um mecânico de bordo sempre atento à leitura dos sons que o transatlântico coletivo, que é a família, revele.

Agregando ainda uma administração responsável na gestão financeira, onde o consumo não seja medida da felicidade; onde o abastecimento seja feito com critério; a alimentação e outros serviços gerais de bordo da nau familial sejam fruto da maturidade das relações; e que sejamos patrocinadores de ambiente-mental-emocional qualitativo, no qual possa ser aplicado o dito de Juvenal: "mente sã em corpo são".

Sabemos que nas realizações de ordem existencial existe uma fórmula que não tem contraindicação, apesar de demandar diversos, digamos, "passeios existenciais", diversas idas e vindas, entradas e saídas, encarnações e desencarnações nesse maravilhoso Transatlântico que nomeamos Terra, que é a Lei Universal da Reencarnação.

Transatlântico Divino que leva mais de 7 bilhões de passageiros encarnados e cerca de outros 23 bilhões de passageiros sem corpo físico. Disponibilizando-nos todos os recursos necessários para uma produtividade existencial qualitativa.

Ora, levando em consideração que temos uma população de desencarnados bem maior do que a nossa, adicionado o fator de uma boa parte deles, faz número nas fileiras das equipes antibem, uma parte significativa perambula aqui junto de nós, por não conseguirem desligar-se da vida material, e inúmeros são os agentes PRÓ-BEM.

E para atrairmos os agentes PRÓ-BEM, e desmotivarmos que as equipes antibem se interessem por nossa Equipagem Familial, Jesus no Lar ergue poderosas barreiras energéticas e vibratórias, que selecionam naturalmente os nossos companheiros desencarnados.

E com o Evangelho no Coração, cada participante da Equipagem Familial de Jesus no Lar se torna uma central portátil, móvel, com uma sábia aplicação do livre-arbítrio, irradiando seu magnetismo salutar, por onde esteja na sociedade, onde atuamos como timoneiro das nossas escolhas e decisões, entrando em comunhão natural com as equipes PRÓ-BEM

Logicamente para que a nossa Equipagem Familial obtenha o melhor êxito possível, o Evangelho no Lar se revela um embasamento excepcional, onde o Sublime Nauta Jesus, é o Contrapeso Divino, Lastro Suave, para que possamos nos contrapor com naturalidade o peso dos enganos que as ilusões da matéria nos trazem.

Com Jesus no Lar, com a participação espontânea daqueles que assim o queiram, podemos ir assimilando lentamente o seu Evangelho no Coração.

Certamente que não estaremos sintonizados o tempo todo, mas gradativamente poderemos expandir o nosso padrão de qualidade, até alcançarmos condições espirituais ideais. Recordemo-nos de que devemos nos revestir mais do sentimento de otimismo, pois se farão presentes os momentos de desânimo, desmotivação ou descrença.

Somos corações necessitados de novos estímulos existenciais. E como somos aprendizes na arte de amar uns aos outros, lentamente vamos deixando para trás a petrificação do afeto, e começamos a cultivar um jeito de ser em que nos deixamos banhar pela suave luz do Evangelho, agora no Lar do nosso Coração, com Jesus.

Assim nos candidatamos e ser mais com Jesus em nossa sociedade, nossa família sendo uma unidade social, somando para que a realidade se transforme do individual para o coletivo, em um lento, mas seguro processo de expansão do Bem, em um contágio da melhor qualidade.

Nossos sentimentos formam paredes invisíveis, mas reais, que geram efeitos colaterais de acordo com a nossa vontade. Sejamos agentes de saúde espiritual, no presente do indicativo, removendo obstáculos relacionais com habilidade.

Sejamos marinheiros-aprendizes do Amor, colaboradores do Comandante Jesus, que controla o timão, tendo o Evangelho como Leme seguro.

Equipagem familial

A Equipagem Familial está revestida não de placas de aço, mas sim de um único Objetivo Divino: que aprendamos a nos amar como irmãos. Sua altura é correspondente à estatura moral dos seus membros; a oportunidade de fazermos parte da Criação não tem preço; os degraus da evolução familial perdem-se no infinito.

EMPREENDIMENTO EXISTENCIAL

07

Confesso a você, leitor parceiro, que me sinto um aprendiz que se deslumbra e se encanta com cada etapa da jornada existencial. Fui, durante boa parte da minha encarnação, espírito-melancia: verde por fora; aparência 100%, mas de uma vermelhidão vergonhoso por dentro! Externamente, *Homo Spiritualis;* interiormente, homem-espécie.

Eu tinha certeza de que parecer espírita era bem melhor do que Ser Espírita. O *Homo Spiritualis;* como dizem: bem na foto, mas na revelação real deixando a desejar, como homem-espécie.

Eu já tinha os meus projetos. Quando desencarnasse, já teria acumulado os bônus – ou seja o que for – que me dariam certos direitos. Eu acreditava que a minha folha de serviços me permitiria algumas mordomias. Julgava infantilmente que já teria algumas credenciais de conquistas espirituais.

Por fora, uma fingida humildade; na intimidade, uma vivência COM JESUS quase nula. Como diz o ditado popular: "Por fora, bela viola; por dentro, pão bolorento". Felizmente veio o despertamento, que teve como intermediária a grande mestra Dor, que hoje entendo como amiga.

Desejo compartilhar uma pequena parte da minha caminhada, para que me olhem como alguém que não possui qualquer qualificativo acima de quem quer que seja. Hoje estou começando a sentir o que é SER COM JESUS. E um dos fatores facilitadores deste processo de transformação é, sem sombra de dúvidas, o MASF (Médiuns do Amor Sem Fronteira), equipe na qual tenho encontrado um clima espiritual-mental-emocional-psicológico ideal para as minhas necessidades. Estou aprendendo a responder as questões: De onde vim? Quais Empreendimentos Espirituais eu vim aqui realizar? Para onde irei?

Estou aprendendo a amar, no presente do indicativo, pessoas, família, profissão, mais a bênção divina do presente que é a reencarnação em curso. Estou descobrindo a diferença entre aparência e essência, abrindo aos poucos os arquivos existenciais que comigo carrego.

Hoje estou começando a entender o que é um Empreendimento Existencial, e posso dizer como está sendo positivo. Digamos que estou iniciando o cultivo das sementes do *Homo Spiritualis*, com algumas recaídas, certamente, mas saindo delas hoje muito mais rápido, e com algumas superações consolidadas.

Vejamos o que a pt.wikipedia.org/wiki nos elucida sobre o sentido da palavra Empreendimento:

"**Empreendimento** (do latim imprehendere = apanhar, prender com as mãos) é o ato, efeito ou resultado de empreender algo com fim determinado. Em administração, economia e engenharia tem como núcleo comum o fato de ser:

Aquele ente abstrato a ser realizado: constitui um conjunto de atividades e obrigações a ser implementado pela organização e que, devido ao grau de complexidade e compromissos associados, exige o estabelecimento de um modelo de gerenciamento, centralizado ou não, capaz de promover a identificação, priorização, autorização, gerenciamento e controle de projetos, programas e outros trabalhos relacionados, a fim de atender aos requisitos dos projetos e cumprir as diretrizes estratégicas da empresa (entendida no sentido amplo)."

Neste sentido, a ideia de "empreendimento" aplica-se igualmente a qualquer e toda atividade humana concebível. Com efeito, pode-se falar em empreendimento artístico, empreendimento cultural, empreendimento enciclopédico, empreendimento literário, empreendimento legislativo, empreendimento executivo, empreendimento judiciário, empreendimento político, empreendimento religioso, etc.

Podemos assim classificar nossa encarnação como um Empreendimento Existencial do mais alto valor, pois se encaixa em todas as citações acima, além de visar objetivos Divinos a nosso respeito.

E a série "A Vida no Mundo Espiritual" ditada pelo Espírito André Luiz ao médium Chico Xavier, iniciada com o livro *Nosso Lar* e finda com o livro *E a Vida Continua*, nos abastece com riquezas de detalhes sobre o Empreendimento Existencial que já foi abstrato no projeto, e que agora se encontra em pleno desenvolvimento, cujo grau de complexidade, refletido na quantidade de elementos envolvidos, que varia em função das necessidades evolutiva, individuais e coletivas. Levantando mais um véu da ignorância espiritual, nos revelando com clareza elementos existentes no Mundo Espiritual, nossa Pátria de origem.

Nossa qualificação espiritual se dando desde agora, é uma atitude de inteligência espiritual associada com inteligência existencial, que nos facilita os próximos passos, nos deslocamentos causados pela encarnação/desencarnação e desencarnação/encarnação, condição essa que cessa quando conquistamos a perfeição.

Como não podemos levar um Empreendimento Existencial adiante sem a participação de outros atores, como pai e mãe, parentes e irmãos, amigos e inimigos, afetos e desafetos, professores, patrões, filhos, netos, avós, bisavós, dentre outros, temos *"compromissos associados"* diversos, onde devemos *"atender aos requisitos dos projetos"* e cumprir as diretrizes estratégicos da empresa encarnatória com sucesso!

Mas temos as situações em que o insucesso se faz presente, devido à nossa imaturidade, que tem com efeito natural escolhas com baixo padrão de qualidade relacional, e efeitos colaterais que pedem encarnações para serem transmutados em relações amorosas e afetivas.

Quero compartilhar com você, paciente leitor, um pouco da riqueza que é o MASF (Médiuns do Amor Sem Fronteiras), por intermédio de uma psicografia que nos foi transmitida no dia 04/02/2012 e que nos revela como um Empreendimento Existencial pode sofrer acidentes de percurso:

"Boa noite! Quem escreve é uma mãe que muito sofreu aí na Terra.

Parti antes da hora e, aqui chegando, fui incluída no rol dos suicidas. Lógico que me rebelei, relutei o quanto pude para aceitar os fatos. Blasfemei, e tudo o mais que possam imaginar. Mas não adiantou nada.

Meio a contragosto, resolvi ouvir um pouco mais os que estavam ao meu redor. Afinal, eu não era uma suicida!

Mas qual não foi a minha surpresa ao me deparar com situações semelhantes à minha. Como aquelas pessoas ousavam viver a minha dor...

Levei um choque tremendo, mas continuei teimosamente aferrada ao meu orgulhoso ponto de vista.

Até que aqui veio uma senhora de uma luminosidade sem conta e disse:

'Filha, aceite a minha ajuda. Posso contar-lhe a minha história'.

Ela me contou e qual não foi a minha surpresa! Era a minha vida repassada como num filme, só mudando alguns personagens.

Fiquei estarrecida e sou forçada a acreditar que foi a melhor terapia de choque indicada para uma doente tão rebelde!

Hoje posso dizer: Passe o que passar na vida, não responsabilize a ninguém, a não ser a você mesmo. Somos autores da nossa própria história; dela, entra e sai quem nós permitimos.

Meu presente do indicativo é aprender, para que quando me for dada a chance do reencarne, eu saiba interpretar, fazer a leitura correta das lições particulares que o Mestre me ministrara.

Muito obrigada por me ouvirem.

Mãe arrependida por não ter sabido educar.

OS: Olha, educar é saber dizer não. Aprendo a duras penas."

A realidade na vida extrafísica, nem sempre atende ao figurino por nós desejado, trazendo a colheita da semeadura realizada. Liberdade de semear, responsabilidade na colheita.

Sabemos que um Empreendimento Existencial é uma tarefa laboriosa, demorada, por ser de longo prazo. Pede iniciativa de ação, criatividade, confiança na própria capacidade, e a capacidade de recomeçar quantas vezes sejam necessárias, com bom ânimo.

A mãe arrependida é o retrato de um quadro, do que se revela por meio de milhares de Espíritos que desencarnam todos os dias no nosso Planeta.

Preventivamente, ela vem nos alertar para que incluamos em nosso Empreendimento Existencial, doses generosas de Jesus no Lar e o Evangelho no Coração, para que no binômio indivíduo e sociedade, individual e coletivo, pais e filhos, patrões e empregados, sejam introduzidas as virtudes potenciais da alma, que sendo motivadas e estimuladas, desabrocham gerando um círculo virtuoso nutritivo e motivador.

Somos semelhantes ao fermento, influenciamos e somos influenciados; geramos causas e sentimos os efeitos; somos representantes do nosso degrau evolutivo, e Jesus no Lar nos descortina um Universo de possibilidades enobrecedoras do ato de existir.

Já realizamos o Evangelho no Lar há cerca de 35 anos. No começo, era bem acanhado, quase sem assunto. Mas conforme foi passando o tempo, fomos nos soltando, deixando fluir com naturalidade e espontaneidade, e hoje é uma hora das mais ricas da semana, pois temos um encontro marcado com o nosso querido convidado de honra semanal: Jesus.

Já passamos por diversas tempestades, muitos contra-tempos, mas o Evangelho no Lar é sempre fonte de estabilidade e soluções. Dele tiramos lições que consideramos "lição de casa", ou melhor, lições para trazê-lo no Coração durante o cotidiano. Nele, estou aprendendo a dizer não, na hora certa, do jeito certo, com a entonação certa, palavras certas, energias certas. Dizer não, em muitas ocasiões, pode ser o amor em ação.

Sim, amigo leitor, nosso Empreendimento Existencial sob a Luz de Jesus no Lar e o Evangelho no Coração, são agentes Divinos de assepsia da alma, onde os agentes patogênicos do desânimo e da descrença, da violência e da agressividade, não encontram clima para a sua proliferação. Mas proliferam os agentes benignos da alegria e do otimismo, da paciência e da comunicação qualitativa.

Quando nos deixamos absorver exclusivamente pelos aspectos objetivos da vida, centralizamos neles os nossos talentos. Consequentemente, a nossa existência subjetiva, que é invisível ainda aos nossos sentidos, apesar de ser aquela que merece a aplicação dos Divinos Talentos, fica extremamente fragilizada.

Assim, podemos deduzir que os pensamentos são abstratos, as emoções são abstratas, os sentimentos são abstratos, as intenções são abstratas. Nossas relações interpessoais, interfamiliais se tornam Empreendimentos Existenciais de sucesso, com Jesus no Lar, que é subjetivo e que, associado ao Evangelho no Coração, que também é subjetivo, facilitam a convicção de que não somos matéria, mas sim estamos nela para aquisições úteis para a nossa Imortalidade Pessoal.

●●●

Empreendimento existencial

Somos semelhantes ao fermento, influenciamos e somos influenciados; geramos causas e sentimos os efeitos; somos representantes do nosso degrau evolutivo, e Jesus no Lar nos descortina um Universo de possibilidades enobrecedoras do ato de existir.

CRENÇA OU CONVICÇÃO?

08

Quando temos a oportunidade de travar contato com o qualitativo conteúdo da Doutrina Espírita, somos convidados a desenvolver uma nova ordem de ideias, que engloba a nossa condição de Espírito imortal, perambulando neste momento, na condição de encarnado, envergando esta máquina maravilhosa que é o nosso corpo físico. Condição transitória, mas revestida de um extraordinário valor, pois é nela que nos qualificamos para o nosso reingresso na verdadeira Pátria, que é a Espiritual.

A revelação dos Espíritos visa que nos desliguemos do modelo materialista-ilusório, com naturalidade e discernimento, realizando a transição para o Despertar da Consciência, sob a luz da responsabilidade pessoal intransferível.

Ela objetiva também que nos situemos com segurança, enquanto estamos domiciliados aqui na superfície planetária, sobre as questões: De onde viemos? Para que aqui estamos? Para onde vamos? Concedendo-nos uma excelente oportunidade para podermos dar passos seguros rumo à nossa espiritualização.

Quando dizemos que estamos aqui de passagem, fazemo-lo mais da "boca para fora", sendo que as nossas atitudes, posturas, comportamentos, revelam que nos mantemos apenas na superficialidade das aparências, mas a nossa realidade íntima revela um quadro bem diferente. Discurso é uma coisa. Agora, construção existencial, ainda é algo muito distante de muitos corações e mentes.

Por enquanto somos, em nossa grande maioria, iludidos aplicadores do "jeitinho brasileiro de ser", investindo quase cotidianamente doses generosas de empurroterapia, associada a deixaparadepois.com.br, condição que do ponto de vista evolutivo deixa a desejar, causando como um dos efeitos colaterais mais danosos, o insuficiente aproveitamento do projeto existencial, desperdício de recursos cujo Criador nos empresta a título precário.

Normalmente, quando chega a hora de conferirmos a rentabilidade existencial, a nossa contabilidade pessoal não está positiva, mesmo tendo recebido recursos facilitadores, concessões generosas, mordomias sem conta, apoios diversos...

Caso seja do nosso interesse reverter tal processo, dentre tantos recursos, temos à nossa disposição o farto e rico material, que no dia 18 de abril de 1857, por intermédio de *O Livro dos Espíritos*, Allan Kardec vem abrir para aqueles que se identificarem com as suas propostas uma perspectiva revolucionária, tanto no sentido material, como no espiritual.

Ela nos possibilita sair do estágio da crença, que é a ação de crer com ou sem razões, sem motivos ou confirmações objetivas. Onde nossa participação é passiva, estando presente apenas um revestimento externo, uma capa exterior. Havendo pouca elaboração mental-emocional-espiritual-psicológica da nossa parte.

Já existe uma formatação preexistente onde, principalmente no campo religioso, não há margem para quaisquer questionamentos, dúvidas, indagações, interpretações diferenciadas. Criando assim um natural "engessamento" evolutivo. Produzindo uma estagnação, tanto na Linha da Vida como na Linha do Tempo. Onde ficamos marcando passo, perdendo o bonde do arejamento das ideias.

A Doutrina Espírita nos possibilita o acesso ao estágio da Convicção, que é o desenvolvimento de princípios, ideias, com motivos e conformações subjetivas. Onde a nossa participação é ativa, fazendo-se presente o insculpir interno. Proporcionando uma riquíssima elaboração mental-emocional-espiritual-psicológica com significativo estímulo para que façamos a neuróbica (aeróbica dos neurônios), onde pensamos e meditamos, refletimos e partimos para a ação.

Nada é preconcebido, antes, pelo contrário, somos incentivados a ser copartícipes, existindo espaço para indagações, incertezas, dúvidas. Desenvolvimento de novas possibilidades, fazendo-se presente a dinâmica da Lei do Progresso, onde a Linha da Vida e do Tempo é conjugada, gerando um natural e belo círculo virtuoso.

Por exemplo, podemos ter a crença na existência dos Espíritos. Mas, e se algum deles se apresentar na nossa frente para um bate-papo, agiremos com naturalidade?

Um ente muito querido desencarna e ficamos saudosos, lamentando a sua partida. Mas, e se ele vier atender as nossas lamentações, que tipo de resposta a nossa crença permite dar?

No livro *Obreiros da Vida Eterna* pelo Espírito André Luiz, ditado ao médium Chico Xavier, em seu capítulo 11, encontramos Fábio, que nos revela o que é um campeão de Convicção Espírita:

"De olhos fixos nos rapazinhos, o extremoso genitor passou a considerar:

— Vai para três anos, instituímos nosso culto doméstico do Evangelho de Jesus. E vocês sabem hoje que nosso Mestre não morreu. Levado ao suplício e à morte, voltou do sepulcro para orientar os amigos e continuadores. Ele, pois, nos auxiliará para que prossigamos unidos. Quando eu fizer a viagem da renovação, tenham calma e otimismo. Não chorem, nem desfaleçam. Com lágrimas não serão úteis à mamãe, que precisará naturalmente de todos nós. Deus espera que sejamos alegres na luta de cada dia para sermos filhos fiéis ao seu divino amor.

Nesse instante, apareceu a dona da casa, impondo modificações à palestra.

Valeu-se Jerônimo da circunstância para intervir, apresentando:

— Nosso amigo Fábio, em véspera da libertação, sempre colaborou com dedicação nas obras do bem. Não é médium com tarefa, na acepção vulgar do termo. É, porém, homem equilibrado, amante da meditação e da espiritualidade superior e, em razão disso, desde a juventude tornou-se excelente ministrador de energias magnéticas, colaborando conosco em relevantes serviços de assistência oculta. Vários mentores de nossa colônia têm em alta conta o seu concurso. Há muitos anos que se consagra ao estudo das questões transcendentes da alma e formou-se na academia do esforço próprio, a fim de ser-nos útil. Livre de sectarismo, infenso às paixões e amante do dever, nosso Irmão Fábio instituiu, desde os primeiros dias de matrimônio, o culto doméstico da fé viva, preparando a esposa, os filhinhos e outros familiares nos esclarecimentos dos problemas essenciais da compreensão da vida eterna. Em virtude da perseverança no bem que lhe caracterizou as atitudes, sua libertação ser-lhe-á agradável e natural. Soube viver bem, para bem morrer.

Aproximei-me do enfermo, perscrutando-lhe a situação orgânica. A tuberculose minara-lhe os pulmões, impressionando-me as formações cavitárias e outros sintomas clássicos da terrível moléstia.

Fábio, a rigor, não precisava apoio para a fé que nutria. Revelava-se tranquilo e confiante e, embora o abatimento, natural em seu estado, ia ensinando aos seus inesquecíveis lições de coragem e de valor moral.

— Vamo-nos! – chamou-nos o Assistente. — Nosso companheiro vai bem e dispensa-nos de maior colaboração."

Sim, amigo leitor, percebemos e sentimos os ingredientes nutritivos que Fábio nos exemplifica? O quanto é tocante o singelo relato de André Luiz, que nos revela como a Convicção Espírita pode fazer a diferença em nós.

Observemos que a sua fé é viva, autossustentada, autonutrida, autovivenciada, com ausência total de dúvidas, medos e inseguranças. Os alicerces são firmes e sólidos, consolidados e serenos. Sem imposições, se impõe. Com seu exemplo, contagia, comove. O seu diálogo com os filhos é um tesouro de amor e confiança. A saúde está no Espírito; o corpo é uma nobre periferia, que já está findando o seu prazo de validade.

O Fábio subjetivo, que não é concreto, que não se refere ou pertence à realidade sensível, perceptível pelos sentidos, o Fábio Espírito imortal é quem comanda todo o processo que ocorre na objetividade da periferia da matéria, é ele quem gerencia com lucidez a situação, mantendo um estado de espírito, e não apenas uma condição material. Ele se prepara para recolher tudo aquilo que seja de utilidade para a realidade subjetiva do Espírito.

Que tal, amigo leitor, fazermos maiores investimentos em uma Convicção mais vitaminada em nossa existência?

Mas, sem dúvida alguma, o Culto Doméstico ou Evangelho no Lar, como queiram, se constitui em um sólido alicerce, consolidado por Fábio, vejamos: "Livre de sectarismo, infenso às paixões e amante do dever, nosso Irmão Fábio instituiu, desde os primeiros dias de matrimônio, o culto doméstico da fé viva, preparando a esposa, os filhinhos e outros familiares nos esclarecimento dos problemas essenciais da compreensão da vida eterna".

Temos aqui uma clara demonstração de como a Convicção na Luz do espiritismo é fecundante, irradiando suas possibilidades para outras consciências que desejem absorvê-la, como ponto de partida para um processo de transformação qualitativo. Sintamos que Fábio faz seu jugo leve e suave.

É importante que a realização do Evangelho no Lar da nossa parte esteja sendo grafado com as tintas firmes da Convicção Pessoal Ativa. O padrão Jesus de qualidade na convivência no Lar é uma iniciativa das mais extraordinárias que podemos colocar em prática. Ele é do Lar por excelência, pois em sua estada entre nós, nas suas andanças, como ele não tinha uma pedra para repousar a sua cabeça, quando não era acolhido no Lar dos seus discípulos conhecidos nos Evangelhos, outros discípulos anônimos o acolhiam generosamente em seus casebres, casinholas, respirando a mesma atmosfera do Governador Espiritual do Planeta!

E Fábio, com sabedoria, realiza tal acolhida também. Abramos também em nossa grade cotidiana um tempo para podermos receber, na intimidade do Lar, aquele que merece de nós muito mais do que acanhados 15 ou 20 minutos. Temos toda condição de sentirmos prazer de desfrutar companhia tão agradável, empática, fraterna, companheira, libertadora. Ele é um motivador da Convicção dos valores de vida eterna.

Jesus no Lar, posso convictamente afirmar, é um instrumento de profilaxia para a manutenção da saúde espiritual, facilitador para que o Evangelho no Coração seja nosso atestado de saúde social.

As paredes subjetivas do Lar, com Jesus no Lar, ganham um colorido todo especial, geram energias curativas, a Espiritualidade amiga pode agir preventivamente, antecipando-se a fatos e acontecimentos trabalhosos. A atmosfera que se respira em determinado ambiente familiar, do ponto de vista Espiritual, chama-se psicosfera, que é formada pelo conjunto mental-emocional-sentimental-psicológico dos encarnados e desencarnados que se sintonizem pela lei de afinidade.

Mentira, lisonja, falsidade, hipocrisia, falsidade, criam uma psicosfera doentia, gerando conflitos, confusões, desinteligências, pois tais agentes subjetivos são destrutivos, criadores de crenças negativas. E Jesus no Lar é sensibilidade e respeito, compreensão e aceitação, união e solidariedade, criando convicções sólidas, inteligência familial, que são alguns dos agentes subjetivos construtivos.

•●•

Crença ou convicção

A Doutrina Espírita nos possibilita o acesso ao estágio da Convicção, que é o desenvolvimento de princípios, ideias, com motivos e conformações objetivas. Onde a nossa participação é ativa, fazendo-se presente o insculpir interno.

EXERCÍCIOS DE ESPIRITUALIZAÇÃO

09

O site www.brasilescola.com/educacao-fisica/esporte-saude.htm, coloca à nossa disposição um guia prático, onde o ponto de partida, como não pode deixar de ser, é o "homem moderno que vem deixando de lado as práticas esportivas, o que muitas vezes leva a um estilo de vida sedentário e provoca distúrbios como má alimentação, obesidade, tabagismo, estresse, doenças, coronarianas, etc.

Como reação a essa atitude, a ciência do esporte vem desenvolvendo estudos e demonstrando a importância que a prática constante de uma atividade física bem planejada tem para que as pessoas possam ter uma vida mais saudável.

Motivos importantes para a prática da atividade física:

1 – Autoestima

A prática regular de exercícios aumenta a confiança do indivíduo.

2 – Capacidade Mental

Pessoas ativas apresentam reflexos mais rápidos, maior nível de concentração e memória mais apurada.

3 – Colesterol

Exercícios vigorosos e regulares aumentam os níveis de HDL (lipoproteína de alta densidade, o 'bom colesterol') no sangue, fator associado à redução dos riscos de doenças cardíacas.

4 – Depressão

Pessoas com depressão branda ou moderada, que praticam exercícios de 15 a 30 minutos em dia alternados, experimentam uma variação positiva do humor já após a terceira semana de atividade.

5 – Doenças Crônicas

Os sedentários são duas vezes mais propensos a desenvolver doenças cardíacas. A atividade física regula a taxa de açúcar no sangue, reduzindo o risco de diabetes.

6 – Envelhecimento

Ao fortalecer os músculos e o coração, e ao amenizar o declínio das habilidades físicas, os exercícios podem ajudar a manter a independência física e a habilidade para o trabalho, retardando o processo de envelhecimento.

7 – Ossos

Exercícios regulares com pesos são acessórios fundamentais na construção e manutenção da massa óssea.

8 – Sono

Quem se exercita 'pega' no sono com mais facilidade, dorme profundamente e acorda restabelecido.

9 – *Stress* e Ansiedade

A atividade física libera os hormônios acumulados durante os momentos de *stress*. Também funciona como uma espécie de tranquilizante natural – depois do exercício a pessoa experimenta uma sensação de serenidade.

Antes de iniciar um programa de atividade física regular, é fundamental a realização de uma avaliação física para a prevenção de quaisquer riscos à sua saúde."

Temos aqui um quadro de benefícios, da melhor qualidade, que muito poderá contribuir para que atinjamos o conceito de saúde da OMS (Organização Mundial de Saúde) como "um estado de completo bem-estar físico, mental e social e não somente ausência de afecções e enfermidades".

Para que este tríplice aspecto seja integralmente atendido, em uma escola planetária ainda de provas e expiações, levaremos alguns séculos, pois são processos que não basta apenas baixar um decreto instituindo assim a sua realidade.

É indispensável que a unidade social faça a sua metamorfose, palavra que vem do grego META = Mudança + MORPHO = forma aspecto. Mudança da crença para a Convicção, que é uma consolidação alicerçada na consciência ativa.

Na maior parte das vezes, o nosso ponto de partida para o desenvolvimento de atividades físicas é a inércia, que é um outro nome da preguiça.

Uma forte presença da ausência de iniciativa. Torpor paralisante da boa vontade. Ficamos resistentes a qualquer movimento que nos afaste da zona de conforto. Para que nos desloquemos de tal zona de preguiça, podem se fazer presentes agentes externos, como doenças, que podem se apresentar como situação limite, dando-nos um "susto" positivo; ou então com a ativação natural da vontade e motivação.

É imprescindível uma grande presença de espírito, pois diante do projeto da prática de exercícios, temos muita iniciativa (sob pressão externa) e pouca acabativa (sob o comando da vontade própria).

Deveríamos colocar em igual patamar o Espírito imortal, criando assim OFEI (Organização em Favor do Espírito Imortal), onde cuidados e recomendações; orientações e instruções; normas e diretrizes seriam focadas na prevenção dos insucessos existenciais, assim como a causa dos sucessos existenciais. Onde histórias de sucesso, tanto de encarnados como de desencarnados, seriam estudadas e analisadas, avaliadas e compreendidas à Luz do Espírito imortal, independentemente da coloração religiosa, sem as fronteiras dos preconceitos, o que podemos considerar de importância transcendental.

Afinal, para a realidade espiritual todos nós retornaremos um dia, com certeza. A nossa reentrada se dará em função da bagagem que levarmos conosco. Valerá o que trouxermos na condição de verdadeira propriedade. Sentiremos então quão valioso é estar com Jesus e os Exercícios de Espiritualização no Lar e o Evangelho mais os Exercícios de Espiritualização do Coração na sociedade.

Tiremos o máximo de proveito dos nossos encontros semanais como o Sublime Peregrino, extraindo lições do nosso cotidiano, pois, sendo o Evangelho o livro da Existência Significativa, ele lança luz sobre as questões mais obscuras, equaciona problemas, dá-nos respostas, encaminhando-nos para a luminosa zona da solução. Com Jesus no Lar, podemos colorir de cores vivas e qualitativas as paredes invisíveis dos sentimentos!

Mais uma vez recorremos ao livro *Obreiros da Vida Eterna*, ditado pelo Espírito André Luiz ao médium Chico Xavier, onde em seu capítulo 16, "Exemplo Cristão", encontramos novamente Fábio finalizando seu estágio na sua encarnação, um verdadeiro Exercício de Convicção Espiritual de Jesus no Lar e o Evangelho no Coração:

"... Creio não devermos adiar o serviço da prece. Sinto-me inexplicavelmente melhor e desejaria aproveitar a pausa do repouso.

Dona Mercedes, a abnegada senhora, trouxe ambas as crianças, que se sentaram na posição respeitosa de ouvintes. E enquanto a esposa se acomodava ao lado dos pequenos, o enfermo, auxiliado pelo pai, abriu o Novo Testamento, na primeira epístola de Paulo de Tarso aos Coríntios e leu o versículo quarenta e quatro do capítulo quinze:

— Semeia-se corpo animal, ressuscitará corpo espiritual. Há corpo animal, e há corpo espiritual.

(...)

Algo me diz ao coração que esta será talvez a última noite em que me reunirei com vocês, neste corpo. Nos momentos em que o sono me abençoa, sinto-me às vésperas da grande liberdade... Vejo que amigos iluminados me preparam o coração e estou certo de que partirei na primeira oportunidade. Acredito que todas as providências já foram levadas a efeito, em benefício de nossa tranquilidade, nestes minutos de separação. Em verdade, não lhes deixo dinheiro, mas conforta-me a certeza de que construímos o lar espiritual de nossa união sublime, ponto indelével de referência à felicidade imorredoura...

(...)

Terminada a rogativa, e quando os pequenos beijavam sua mamãe, antes do sono tranquilo, o enfermo pediu à esposa, com humildade:

— Mercedes, se você concorda, sentir-me-ia feliz por beijar, hoje, os meninos...

A senhora aquiesceu, comovida.

— Traga-me um lenço novo – solicitou o esposo, enternecido.

A dona da casa, em poucos instantes, apresentava-lhe alvo fragmento de linho.

Emocionado, vi que o pai cristão aplicou o nevado pano à cabeleira das crianças e beijou o linho, ao invés de oscular-lhes os cabelos. Contudo, havia tanta alma, tanto fervor afetivo naquele gesto, que reparei o jato de luz que lhe saía da boca, atingindo a mente dos pequeninos. O beijo saturava-se de magnetismo santificante. Jerônimo, comovido de maneira especial, dirigiu-me a mim, em voz sussurrante:

— Outros verão micróbios; nós vemos amor."

Fábio é para nós um dos inúmeros exemplos do quanto os Exercícios de Espiritualização, levados a efeito aqui na Crosta, tornam nossa trajetória mais significativa. Não é teoria é fato. Não é ilusão, é realidade.

Podemos considerá-lo um excelente incentivo para que mobilizemos nossas Divinas Potências da Alma, desenvolvendo Exercícios de Espiritualização desde a intimidade do Lar, passando pela sociedade.

Podemos considerar Jesus no Lar como o treinamento semanal, representando os nossos primeiros passos na direção do cultivo da Espiritualização, onde o Evangelho no Coração representa a face de benefícios que transmitimos tanto para a família como para a sociedade diariamente.

Jesus no Lar uma vez por semana, sem contraindicações de mais vezes; Evangelho no Coração cotidianamente, 10.080 minutos por semana, 720 horas por mês. Se não der, que seja pelo menos o maior espaço de tempo possível, afinal a caminhada começa no primeiro passo... Sejamos otimistas sobre os nossos potenciais nobres.

Captando a essência da Espiritualização, nossas habilidade existenciais ganham acréscimos da melhor qualidade, pois ganhamos força, ânimo, vigor, identificando que existe um sentido para cada ser aqui encarnado.

Assim sendo, não existe a possibilidade de passarmos a vida em brancas nuvens, despercebidos, ignorados, sendo uma atitude sábia introduzirmos o Peso positivo da nossa presença, irradiando do nosso Ser energias e forças salutares.

Seu "até logo" da sociedade carnal se faz junto dos corações amados e do Evangelho como ponto de convergência.

É Jesus se fazendo presente junto de um coração leal e nobre, que conseguiu dar os passos iniciais na direção de uma reabilitação consciente, pois, como todos nós, Fábio tem sua pré-história existencial escrita em suas encarnações anteriores.

E, certamente, Jesus no Lar e o Evangelho no Coração foram instrumentos essenciais para o seu êxito. Jesus e o Evangelho, associados na transformação do pretérito imperfeito de Fábio e, se for de nossa vontade, do nosso pretérito imperfeito, também.

Sua ação na Sociedade se deu dentro do anonimato e da pobreza. Fora de quaisquer holofotes da fama. Distante de qualquer reconhecimento especial. Mas, por meio dos trabalhosos Exercícios de Espiritualização aqui na Crosta, pôde consolidar valores intransferíveis. Fez-se credor de amoroso amparo. Acendeu o archote da Luz do Evangelho, transformando a sua casa em Lar Espiritual. Incorporou-o ao seu Coração, como letra viva. Jesus é sempre o seu convidado. Levando o Evangelho no Coração, torna-se um facilitador natural da sua mensagem, presente em seu jeito de sentir, pensar e agir.

Ah, amigo leitor! Quantos lucros imortais podemos conquistar, quando damos uma pausa em nosso cotidiano frenético, para ouvirmos os sons das harmonias divinais que Jesus no Lar propicia! Daí pensarmos: para que pressa? O mais importante é o relógio ou o visitante? Será que a companhia não merece mais consideração?

Não quero servir de modelo para quem quer que seja, mas desejo compartilhar um pouco das nossas vivências:

Hoje, realizamos o Evangelho no Lar com muito prazer e motivação. Usamos dois livros: *O Evangelho segundo o Espiritismo* e o livro *Jesus no Lar*. Investimos, em média, uma hora por semana, pois a riqueza do encontro é inesgotável, ficando sempre um gosto de quero mais. Afinal, temos 168 horas semanais; dedicar uma hora com Jesus é menos de um por cento do tempo...

E existem outras coisas que fazemos com prazer por várias horas, mas que nem sequer podem equivaler ao encontro que realizamos quatro vezes no mês e 52 vezes no ano, com Jesus e seus mensageiros em nosso Lar.

Está feito o chamamento para transformarmos tanto Jesus no Lar, como o Evangelho no Coração num maravilhoso Exercício de Espiritualização!

•●•

Exercícios de espiritualização

Ah, amigo leitor! Quantos lucros imortais podemos conquistar, quando damos uma pausa em nosso cotidiano frenético, para ouvirmos os sons das harmonias divinais que Jesus no Lar propicia! Daí pensarmos: para que pressa? O mais importante é o relógio ou o visitante? Será que a companhia não merece mais consideração?

REQUINTE E SOFISTICAÇÃO

10

Em 1950, cinco anos após a criação das Nações Unidas, a população mundial era estimada em cerca de 2,6 bilhões de pessoas. De acordo com estimativas da ONU, a população mundial chegou a 5 bilhões em 11 de julho de 1987, e atingiu a marca de 6 bilhões de pessoas em 12 de outubro de 1999. Atingindo em 7 de outubro de 2011, a estimativa de aproximadamente 7 bilhões.

Segundo a ONU (Organização das Nações Unidas), seremos pouco mais de 9 bilhões em 2050. Para quem tenha interesse na página da Internet, do Fundo de População das Nações Unidas, podemos acompanhar o aumento da população mundial atualizada.

Na época de Jesus, havia cerca de 300 milhões de Espíritos reencarnados. Podemos perceber que houve uma multiplicação extraordinária até os dias atuais, e ainda outros bilhões estão por vir. População que se divide pelas diversas regiões, concentrando-se em especial na Ásia, onde gigantes populacionais como China e Índia apresentam portentosos números acima do bilhão populacional.

Temos situações preocupantes como, por exemplo, 20% da população mundial consomem 80% dos recursos naturais disponíveis, enquanto 80% da população consomem 20% dos recursos naturais disponíveis.

Dados da ONU e do Banco Mundial indicam que 80% da população mundial sobrevivem com menos de 10 dólares por dia. Um exemplo é o Brasil. Se dividirmos o salário mínimo por 30 dias, o resultado será menos do que 10 dólares, considerando os descontos que são feitos. Sem considerarmos aqueles que têm um rendimento abaixo dele.

São questões que sinalizam com clareza que somente um repensar consciente coletivo, nos promoverá para um patamar de uma verdadeira civilização planetária, onde todos vivam com dignidade e responsabilidade social.

Mas, digamos que estas questões evidenciem a periferia, ainda refletindo o orgulho e o egoísmo do ser humano; sendo a nossa atual realidade um quadro-efeito, cujas causas têm como origem a dupla referida.

Mas, aprofundando a nossa visão, percebemos que no centro do processo está o Espírito imortal, preexistente e sobrevivente a todos os eventos que compõem o mosaico, que é a nossa humanidade, que ainda patina na sua condição minúscula que o materialismo utilitarista proporciona.

Ligados aos aspectos superficiais do viver biológico, temos uma longa jornada até atingirmos a condição do Existir real, onde a consciência desperta se movimenta com desenvoltura e naturalidade, expressando-se com suas potencialidades Divinas: as virtudes.

Potencialidades que necessitam do patrocínio voluntário da parte da unidade social, que é cada um de nós, para começarem a irradiar o seu poder renovador de que podemos metamorfosear positivamente a nossa crença existencial limitada, na sofisticação da Convicção, que abre sulcos renovadores em nosso sentir, pensar e agir.

Convicção que é elaborada com uma participação ativa da nossa parte. Ela nos motiva a abertura de caminhos para que a Lei de Deus presente em nós se expresse em nossa vida intrapessoal, vida familial, vida profissional, vida mental, vida emocional, vida espiritual e vida psicológica. Abrindo-nos o leque das possibilidades infinitas, de que somos detentores como Imortais Espíritos.

Em assim sendo, não somos "marinheiros de primeira viagem"; ou seja, não estamos aqui pela primeira vez. Muito mais do que um número constante na página da Internet, do Fundo para População das Nações Unidas; muito além do que qualquer classificação humana possa conceber, transcendendo a mais sofisticada metodologia de análise dos mais modernos ramos da ciência, somos, cada um de nós, independentemente de as aparências dizerem o contrário, UMA OBRA DIVINA SEM IGUAL NO UNIVERSO, temporariamente matriculada em um Planeta de Expiações e Provas, que é mais uma dentre outras tantas escolas.

Em qualquer degrau da escala social, que ocupemos por ora, ele está inserido em um contexto muito mais amplo do que podem supor as nossas limitadas percepções tridimensionais: altura, largura e cumprimento. Aqui manifestamos apenas uma parte insignificante do que realmente somos. Se não somos marinheiros de primeira viagem, o que somos então?

No livro *No Mundo Maior*, ditado ao médium Chico Xavier, pelo Espírito André Luiz, em seu capítulo 4, encontramos a resposta surpreendente e clarificadora:

"... Ante o assombro das ideias novas que me fustigavam a imaginação, impedindo-me o minucioso exame do assunto, o esclarecido companheiro sorriu e continuou:

— Por mais esforços que envidemos por simplificar a exposição deste delicado tema, o retrospecto que a respeito fazemos sempre causa perplexidade. Quero dizer, André, que o princípio espiritual, desde o obscuro momento da criação, caminha sem detença para frente. Afastou-se do leito oceânico, atingiu a superfície das águas protetoras, moveu-se em direção à lama das margens, debateu-se no charco, chegou à terra firme, experimentou, na floresta, copioso material de formas representativas, ergueu-se do solo, contemplou os céus e, depois de longos milênios, durante os quais aprendeu a procriar, a alimentar-se, a escolher, lembrar e sentir; conquistou a inteligência... Viajou do simples impulso para a irritabilidade, da irritabilidade para a sensação, da sensação para o instinto, do instinto para a razão. Nessa penosa romagem, inúmeros milênios decorreram sobre nós. Estamos, em todas as épocas, abandonando esferas inferiores, a fim de escalar as superiores. O cérebro é o órgão sagrado de manifestação da mente, em trânsito da animalidade primitiva para a espiritualidade humana..."

Estamos assim em pleno trânsito evolutivo, vivendo ainda um grande congestionamento, patrocinado pela nossa ignorância, pois recém-egressos das experiências no Reino animal, etapa imediatamente anterior ao nosso atual momento, sentimos que apenas com a crença adquirida sem esforço, sem determinação, vivendo uma verdadeira Vida de Gado, como nos diz Zé Ramalho em sua música, não oferecemos o clima ideal para que germinem as Sementes Divinas escritas na Lei de Deus.

Se for do nosso interesse estar na vanguarda da marcha evolutiva da Humanidade Planetária, seguramente o roteiro

REQUINTADO que nos é presenteado por Jesus é mais valioso do que qualquer riqueza humana, pois nos disponibiliza os melhores passos na direção do Reino de Deus, que não se baseia na apresentação exterior.

Todas as individualidades que realizaram semelhante opção têm somente motivos para comemorar a escolha acertada. Ainda que muitas delas tenham condições sociais humildes. Daí a importância da Convicção, que possui diversos canais de expressão, seja científico ou filosófico; religioso e social.

Sendo a Convicção uma conquista pessoal e intransferível, a Doutrina Espírita está ao nosso dispor desde 18 de abril de 1857 como mais um canal expressivo para a sua manifestação, oferecendo para todos aqueles que, para viverem em equilíbrio precisam de respostas, um campo de ação que remete ao infinito da Imortalidade Pessoal.

Ela é um extraordinário ponto de partida, onde, por meio do trio PROJETO-PROCESSOS-PROCEDIMENTOS, nós saímos do estado de consciência adormecida, no qual somos mero reflexo do meio; um, como se diz: "Maria vai com as outras" do ponto de vista existencial, uma criatura sem identidade, amorfa espiritualmente, moldada pelo externo, onde se vive o carro novo; a moda nova; o celular mais recente; as roupas de marca; a imitação inconsciente; as diversões alienantes onde alegria aparente e os sons ensurdecedores visam, quem sabe, abafar a voz harmoniosa que sai da Consciência... A sofisticação e o requinte estão nas coisas, no exibicionismo, na vaidade, na demonstração de poder. Gerando uma avassaladora onda de inversão de valores, promotora da alienação na vida.

Mas, com a encarnação de Jesus, inaugura-se a Era na qual PROJETO-PROCESSOS-PROCEDIMENTOS passam a ter elementos de tal ordem de qualidade de REQUINTE e SOFISTICAÇÃO, que se fazem presentes antes do seu reingresso na carne, com as manifestações espirituais que se fizeram presentes, junto a Maria e muitos outros encarnados. Sua presença que não se acomoda com a ordem estabelecida, mas sim, vivencia a Vontade do Pai.

Ele surge entre nós para vivenciar os verdadeiros fundamentos do Espírito imortal. Ele aqui se manifesta, ofertando-nos o magnífico presente que é Ele próprio. Ele não é para ser idolatrado, mas sim para ser sentido, pensado, amado. Ele não veio para as religiões, filosofia ou ciência, ele ainda está entre nós, pela Humanidade.

Seu PROJETO é para toda a Humanidade, leve o tempo que levar. Apesar da nossa resistência, teremos que, como dizemos: "entregar os pontos", "jogar a toalha", seu PROJETO é perfeito. Ele é o caminho mais fácil para a autorrealização; consequentemente uma opção segura e confiável para a felicidade individual e coletiva. O adiamento é nosso. Para os problemas ele já deu solução.

Os PROCESSOS se darão na multiplicidade de oportunidades por meio da Lei da Reencarnação e da Desencarnação, seja aqui ou em outras Casas do Pai, continuaremos a ser alunos na Escola da Evolução. Até o momento no qual as nossas escolhas reflitam espontaneamente ponderação e prudência; sensatez e sabedoria; discernimento e senso do coletivo, aguçados. Temos aqui um REQUINTADO mecanismo Divino que representa a aplicação das Leis de Amor, Justiça e Caridade.

Os PROCEDIMENTOS se traduzirão em ações da melhor qualidade, refletindo naturalmente um nível de Consciência Desperta, onde decisões e deliberações; determinações e coragens; servirão voluntariamente de canais do AMOR, sem qualquer restrição. Não haverá mais os excluídos, os sem dignidade, os desrespeitados, os sem direito... Todos serão considerados Cidadãos. Assim, a sociedade mais SOFISTICADA será aquela na qual a verdadeira Civilização estará presente, nas paredes invisíveis dos sentimentos, REQUINTE e SOFISTICAÇÃO, na intimidade do Lar com Jesus, e com uma sociedade justa; decorrência natural do Evangelho no Coração.

Para que tudo isso possa se viabilizar, temos o REQUINTE de Jesus no Lar e a SOFISTICAÇÃO do Evangelho no Coração à nossa disposição, pedindo-nos apenas o preço de um investimento semanal, onde poderemos refinar a nossa grosseria comportamental, apurarmos as nossas tendências até elas ficarem no ponto ideal.

REQUINTE E SOFISTICAÇÃO onde, por meio da operação semanal do Evangelho no Lar, identificamos e removemos impurezas tais como, azedume, mau-humor, irritação, nervosismo, pensamentos indesejáveis... Abrindo espaço para o prazer de viver, para o bom-humor, a calma, a reflexão e os pensamentos qualitativos.

REQUINTE E SOFISTICAÇÃO nas quais os adornos são as paredes invisíveis dos sentimentos nobres, a cobertura se dá pelo telhado seguro da fé raciocinante conectada com ações de Elegância de Espírito com o Evangelho no Coração no âmbito da sociedade.

REQUINTE E SOFISTICAÇÃO em nosso encontro semanal com um carpinteiro que, com as mãos grossas pela laboriosa atividade, bate em nossa porta, vestido com a sua túnica inconsútil; isto é, sem costura.

REQUINTE E SOFISTICAÇÃO da presença amiga dos seus representantes desencarnados, que nos oferecem um maravilhoso suporte, tanto no Jesus no Lar como cooperam conosco para que o Evangelho no Coração seja uma realidade nas atitudes do cotidiano.

REQUINTE E SOFISTICAÇÃO de abraçá-lo e ser por ele abraçado; beijá-lo e ser por ele beijado. Ser premiado pelo seu semblante sereno. Sentir o mar da Consciência tranquilo que o seu olhar transmite. Usufruir da sua presença, degustando cada momento. Relaxados, alegres e risonhos (Sim, Jesus no Lar é motivação para sorrisos!).

Bom requinte e sofisticação do amor incondicional!

•●•

Requinte e sofisticação

Requinte e sofisticação nas quais os adornos são as paredes invisíveis dos sentimentos nobres, a cobertura se dá pelo telhado seguro da fé raciocinante conectada com ações de Elegância de Espírito com o Evangelho no Coração no âmbito da sociedade.

UMA PAUSA...

11

Façamos aqui uma pausa, onde possamos desenvolver alguns pensamentos em torno da questão de introduzirmos Jesus na intimidade do Lar e o Evangelho na intimidade do Coração, em nosso dia a dia. Felizmente a Doutrina Espírita se baseia em perguntas e respostas da melhor qualidade, abrindo-nos assim o caminho para a consolidação da fé raciocinante, do pensar com qualidade e do sentir com discernimento.

Ela é convite para um abrir de olhos sobre a nossa verdadeira condição existencial. Facilitadora de sairmos da condição de "dorminhocos" existenciais, para a qualitativa posição de despertos existenciais, emprestando assim, um valor da melhor qualidade para a nossa estada aqui na Escola chamada Terra, cuja humanidade minúscula encontra-se em transição para a condição de Humanidade maiúscula.

Nossa viagem evolutiva prossegue. Estamos saindo do ser humano de provas e expiações, para o Ser Humano na longa jornada da regeneração, ou seja, saindo do campo de aprendizado externo, para adentrarmos a esfera da construção interior qualitativa, onde, sem sombra de dúvidas, Jesus no Lar é um REQUINTE, e adicionando a rica contribuição da Doutrina Espírita temos nela um lastro seguro para que a embarcação do barco familial tenha uma condução segura com o Evangelho no timão do Coração, que é uma tremenda SOFISTICAÇÃO do Espírito, favorecendo a nossa elegância espiritual.

Tanto intrafamília como intrassociedade, temos a oportunidade de enriquecer a linha vertical do Espírito imortal, tornando-a nutrida, realizando avanços corajosos na conquista de valores que sejam imperecíveis, agregando como efeito natural qualidades positivas em nosso jeito de ser. Linha esta que nos oferece referenciais profundos e qualitativos, confiáveis e motivadores, clarificando-nos sobre o nosso passado, dando sentido ao nosso presente e abrindo-nos as portas do otimismo para o futuro.

Os Espíritos nos dão importantes pistas sobre tais indagações e, como primeiro passo, nos dão uma elucidação surpreendente sobre as características comportamentais, mentais, psicológicas e religiosas da nossa humanidade, que ainda não pode ser qualificada com "H" maiúsculo, pelo fato de que a maior parte de nós está incluída na terceira ordem: Espíritos Imperfeitos. Vejamos como a questão é tratada na questão 101 de *O Livro dos Espíritos*:

"TERCEIRA ORDEM: ESPÍRITOS IMPERFEITOS

101. CARACTERES GERAIS.

Predominância da matéria sobre o Espírito. Propensão ao mal. Ignorância, orgulho, egoísmo e todas as más paixões consequentes. Têm a intuição de Deus, mas não O compreendem.

Nem todos são essencialmente maus; em alguns, há mais leviandade. Uns não fazem o bem, nem o mal; mas, pelo simples fato de não fazerem o bem, revelam a sua inferioridade. Outros, pelo contrário, se comprazem no mal e ficam satisfeitos quando encontram ocasião de praticá-lo.

Podem aliar a inteligência à maldade ou à malícia: mas, qualquer que seja o seu desenvolvimento intelectual, suas ideias são pouco elevadas e os seus sentimentos mais ou menos abjetos.

Os seus conhecimentos sobre as coisas do mundo espírita são limitados, e o pouco que sabem a respeito se confunde com as ideias e os preconceitos da vida corpórea. Não podem dar-nos mais do que noções falsas e incompletas daquele mundo; mas o observador atento encontra frequentemente, nas suas comunicações, mesmo imperfeitas, a confirmação das grandes verdades ensinadas pelos Espíritos superiores.

O caráter desses Espíritos se revela na sua linguagem. Todo Espírito que, nas suas comunicações, traz um pensamento mau, pode ser colocado na terceira ordem; por conseguinte, todo mau pensamento que nos for sugerido provém de um Espírito dessa ordem.

Veem a felicidade dos bons, e essa visão é para eles um tormento incessante, porque lhes faz provar as angústias da inveja e do ciúme.

Conservam a lembrança e a percepção dos sofrimentos da vida corpórea, e essa impressão é frequentemente mais penosa que a realidade. Sofrem, portanto, verdadeiramente, pelos males que suportaram e pelos que acarretaram aos outros; e como sofrem por muito tempo, julgam sofrer para sempre. Deus, para puni-los, quer que eles assim pensem."

Aqui temos um raio-X daqueles que compõem a maioria dos Espíritos desencarnados e encarnados, localizados em nosso Planeta Terra. Um perfil nada lisonjeiro, mas que é a nossa atual condição. Reforcemos o pensamento de que desencarnados e encarnados fazemos parte da mesma realidade, apenas separados pela condição incorpórea de uns e corpórea de outros. Adicionado ainda o intercâmbio desencarnação/encarnação, encarnação/desencarnação, alternância natural, na qual o hábito (corpo) não faz o monge (Espírito).

É, portanto, uma ilusão imaginarmos que a desencarnação nos santifique ou que a reencarnação nos torne inocentes anjinhos infantis, zero quilômetro! Espíritos Imperfeitos, ao reencarnarem, trazem consigo sua bagagem espiritual de **"Propensão ao mal, ignorância, orgulho, egoísmo e todas as más paixões consequentes"**. Tendências que, para serem superadas, pedem muito mais do que apenas desejo, boas intenções, promessas... Todos nós, exceto Jesus, temos uma pré-história de centenas de encarnações/desencarnações, com um currículo de envergonhar qualquer Espírito consciente. Elucidam-nos as Inteligências Invisíveis que o Mundo Original é o Espiritual. Nossa bagagem reflete ainda a nossa imaturidade evolutiva.

Sendo assim, o texto da questão 101 de *O Livro dos Espíritos* nos dá um diagnóstico claro de que existe **"propensão ao mal"** que podemos traduzir como tendência ao mal, inclinação ao mal, oferecendo um campo favorável ao mal, uma disposição do Espírito ao mal. Adicionando a P**ropensão à ignorância. Propensão ao orgulho. Propensão ao egoísmo e propensão às más paixões consequentes. Propensão à preguiça existencial.**

Somos confrontados com uma experiência-desafio que tanto individual como coletivamente, por enquanto, ainda não conseguimos transformar em experiência-aprendizado. Somos sabidos sem, no entanto, sermos sábios. Sabidos sem discernimento. Apenas Espíritos sabidos. Sabido é quem acha que sabe.

Por exemplo, somos sabidos para realizarmos um evento-ostentação como a Copa do Mundo, que repete a cada quatro anos, investindo bilhões de dólares para acompanharmos 32 equipes compostas, cada uma, de onze jogadores que disputam entre si um campeonato, que dura um mês. E quando o circo é desarmado sobra pouca coisa qualitativa para o País sede. Deixando um legado pobre, principalmente em Países como o Brasil, África do Sul, que não são exemplos de aproveitamento sábio dos recursos públicos.

Mas, se fôssemos sábios, focaríamos em questões permanentes e cujos benefícios seriam duradouros para a população como um todo. Poderíamos promover uma Copa do Mundo, mas antes investirmos bilhões de dólares para que a mobilidade urbana, no cotidiano de milhões de brasileiros, tivesse melhor qualidade. Este sim, seria um rico legado. Reflexos duradouros. Atitudes que somente os sábios têm coragem de colocar em prática. Sábio é aquele que sabe que nada sabe e está sempre disposto a aprender

Antes da Copa, que todas as crianças em idade escolar estivessem realmente na faixa etária de aprendizado real; campeonato que não seria ganho por um time de 11 jogadores, mas sim por um time composto de milhões de "craques", de português, matemática, química, física, história, geografia... Reflexos permanentes, sem sombra de dúvidas... Coisa de sábios!

Um belo clima pré, pós-Copa é termos o foco na arte da Educação, cujo alicerce fundamental é a família, ponto de partida dos insucessos e sucessos sociais; conquista Divina que necessita urgentemente de sua reabilitação como geradora do bem-estar social e do Estar Bem Socialmente.

Pré-Copa do Mundo, Saúde seria prioridade zero, onde desde o Ministério da Saúde até a (UBS) Unidade Básica de Saúde somariam vontade política + vontade pública + vontade dos colaboradores da área de saúde, para gerarmos o círculo virtuoso e Sábio da medicina preventiva, que pede labor e suor, gerando belos efeitos colaterais.

Enquanto prevalecer tais situações, temos uma clara demonstração de que haverá um longo ciclo de reencarnações de superação das inferioridades morais, por causa de nos julgarmos sabidos, que é outro nome de ignorante, analfabeto espiritual.

No livro *Libertação*, ditado pelo Espírito André Luiz ao médium Chico Xavier, em seu primeiro capítulo "Ouvindo Elucidações", assim se expressa o Ministro Flácus, aprofundando um tanto mais a questão sobre a nossa **propensão para o mal**:

"Encarcerados ainda na lei de retorno, temos efetuado multisseculares recapitulações, por milênios consecutivos.

Expressando-nos coletivamente, sabemos hoje que o Espírito humano lida com a razão há, precisamente, quarenta mil anos... Todavia, com o mesmo furioso ímpeto com que o homem de Neandertal aniquilava o companheiro, a golpes de sílex, o homem da atualidade, classificada de gloriosa era das grandes potências, extermina o próprio irmão a tiros de fuzil.

Os investigadores do raciocínio, ligeiramente tisnados de princípios religiosos, identificam tão somente, nessa anomalia sinistra, a renitência da imperfeição e da fragilidade da carne, como se a carne fosse permanente individuação diabólica, esquecidos de que a matéria mais densa não é senão o conjunto das vidas inferiores incontáveis, em processo de aprimoramento, crescimento e libertação.

Nos campos da Crosta Planetária, queda-se a inteligência, qual se fora anestesiada por perigosos narcóticos da ilusão; no entanto, auxiliá-la-emos a sentir e reconhecer que o Espírito permanece vibrando em todos os ângulos da existência.

Cada espécie de seres, do cristal até o homem, e do homem até o anjo, abrange inumeráveis famílias de criaturas, operando em determinada frequência do Universo. E o amor divino alcança-nos a todos, maneira do Sol que abraça os sábios e os vermes.

Todavia, quem avança demora-se em ligação com quem se localiza na esfera próxima. O domínio vegetal vale-se do império mineral para sustentar-se e evoluir. Os animais aproveitam os vegetais na obra de aprimoramento. Os homens se socorrem de uns e outros para crescerem mentalmente e prosseguir adiante...

Atritam os reinos da vida, conhecidos na Terra, entre si.

Torturam-se e se entredevoram, por meio de rudes experiências, a fim de que os valores espirituais se desenvolvam e resplandeçam, refletindo a divina luz."

A questão 101 de *O Livro dos Espíritos* e o capítulo do livro *Libertação* são elucidativos sobre a nossa real condição evolutiva.

O trecho: *"Expressando-nos coletivamente, sabemos hoje que o espírito humano lida com a razão há, precisamente, quarenta mil anos..."*, evidencia um quadro evolutivo planetário, dominado pela infantilidade humana, onde os instintos e as sensações predominam em nosso pensar, sentir e agir, levando a comportamentos antievolutivos, antifelicidade coletiva, antibem-

-estar, atrasando a nossa rota na Lei do Progresso, havendo assim a necessidade imperiosa de patrocinadores voluntários de Jesus no Lar, e do Evangelho no Coração, para que os sinais da grande renovação comecem a se fazer sentir aqui e agora em nossa casa planetária.

A transição deve ser do Espírito imortal. Não existe caminho alternativo, rota de fuga, atalho, salto evolutivo, queimar etapa, ou como ignorar as etapas intermediárias. E Jesus no Lar e o Evangelho no Coração nos disponibilizam uma opção segura, positiva, proativa, uma PAUSA, para que uma nova consciência comece a brotar em nosso íntimo, fazendo com que nos tornemos agentes da nossa autotransformação, saindo da passividade doentia de ficarmos esperando que as mudanças existenciais sejam realizadas de fora para dentro, vindo do ambiente externo.

Deixemos de ficar marcando passo, na ilusão de que a "empurroterapia" é a solução; assim acabaremos ficando para trás, estagnados, preguiçosos, autoenganados, doentes de alma...

Jesus é um marco para cada Espírito encarnado ou desencarnado desta Humanidade. Sua presença em nossos lares é para fazer a diferença. Introduzamos uma PAUSA, em nosso dia a dia tão recheado de pré-ocupações, e realizemos um *tête-à-tête* com Jesus. Ocupemo-nos com quem vale a pena. Preenchamos o nosso tempo com um encontro qualitativo, rico de assuntos, com abordagens nutritivas. Para que lentamente o Evangelho em nosso Coração nos traga uma nova pulsão existencial, na qual surjam os primeiros passos do Homem Novo, buscando harmonizar-se com o Homem Velho, fundindo-se sob a luz do Evangelho no Coração.

Jesus no Lar é justamente para que a nossa **Propensão para o mal** comece a se amolecer, a transmutar, a desformatar, a dissolver, ajudando-nos a olhar para frente, a sentir que podemos ser diferentes, melhores, mais positivos e otimistas, alegres e com um semblante irradiante de esperança. E, com o Evangelho no Coração, começamos a desenvolver uma pauta na qual valorizamos qualitativamente a força da nossa presença neste Planeta. Assim sendo, tudo o que sentimos, pensamos e fazemos, gera efeitos, influência; irradia-se, tanto objetivamente como subjetivamente.

Afinal não existe elemento neutro no Universo. Somos agentes das nossas tendências, afinidades, sintonias, inclinações. Significando que o nosso degrau evolutivo é a soma do que pudemos de melhor fazer até aqui. E Jesus no Lar é um convite Divino para que façamos uma pausa, para introduzir em nossa casa os alicerces de um Lar.

Carregando o Evangelho no Coração, abrimos um hiato para que, superando o horizonte da matéria, iniciemos a nossa caminhada consciente rumo à perfeição, fatalismo Divino que nos espera a todos, sem exclusões.

Façamos uma pequena interrupção, para que sintamos em nosso coração o aconchego do Sublime Peregrino. Sentirmos que começa a derreter dentro de nós as construções da **Propensão para o mal**, para que a **PROPENSÃO PARA O BEM** encontre o patrocínio natural e espontâneo com Jesus no Lar e o Evangelho no Coração.

•●•

Pausa

Introduzamos uma PAUSA, em nosso dia a dia tão recheado de pré-ocupações, e realizemos um tête-à-tête com Jesus. Ocupemo-nos com quem vale a pena. Preenchamos o nosso tempo com um encontro qualitativo, rico de assuntos, com abordagens nutritivas.

HIATO...

12

O Ministro Flácus traz para nós uma elucidação valiosa, a respeito da nossa trajetória na condição hominal, alargando sobremaneira a nossa visão existencial, ao nos esclarecer que realmente a Lei da Reencarnação é um Imperativo Divino, estando assim na pauta existencial de todo ser criado por Deus. Podemos assim nos incluir dentro de tal processo, atentemos: *"Expressando-nos coletivamente, sabemos hoje que o Espírito humano lida com a razão há, precisamente, quarenta mil anos"*.

Portanto, há 400 séculos (40 milênios), recebemos o diadema da razão e do livre-arbítrio, condição diferencial das demais espécies aqui existentes. Pode parecer muito, mas diante da Lei de Progresso, podem significar quase um segundo. Importante para nós, pois afinal é a nossa escrita individual ao longo do referido período. Não devemos nos imobilizar com as conquistas até aqui consolidadas, já que realizações inumeráveis nos aguardam.

Trazemos conosco um patrimônio, cujo acervo de vivências remonta a uma quantidade de ações, comportamentos, emoções, sentimentos, desejos e frustrações, sucessos e insucessos, afetos e desafetos, amigos e inimigos, carinho e indiferença, ternura e agressividade, laços de afeto e algemas de ódio, ilusões e desilusões, enganos e traições, riqueza e ambição, inveja e despeito... Resultados desses 400 séculos.

Hoje, devemos realizar a nossa transição existencial, um gerenciamento mais pró-ativo dos nossos potenciais, com Jesus no Lar. Abramos um HIATO para que possamos iniciar uma semeadura qualitativa, que receba a nossa atenção e carinho e possamos agregar: evolução e solução; entendimento e compreensão; sintonia fina e afinidade; faixas mentais positivas e imaginação qualitativa; alegria e bom humor; serenidade e motivação; realidade e confiança; lealdade e sinceridade; aceitação e respeito, que passarão a ser bem recepcionados portas adentro das nossas escolhas. Preparando as realizações dos milênios que virão. Facilitando a eclosão dos germens do Bem, sinalizando que ele não é uma utopia, não é um sonho, não é uma ilusão.

Para que tal afirmação possa ser mais bem apreendida por nós, em *O Evangelho segundo o Espiritismo*, no seu capítulo onze – Instruções dos Espíritos – assim nos elucida Lázaro em a Lei de Amor:

"O amor resume toda a doutrina de Jesus, porque é o sentimento por excelência, e os sentimentos são os instintos elevados à altura do progresso realizado. No seu ponto de partida, o homem só tem instintos; mais avançado e corrompido, só tem sensações; mais instruído e purificado, tem sentimentos; e o amor é o requinte do sentimento. Não o amor no sentido vulgar do termo, mas esse sol interior, que reúne e condensa em seu foco ardente todas as aspirações e todas as revelações sobre-humanas."

Os 400 séculos por nós experienciados podem ser considerados como ponto de partida na zona dos instintos, associados às sensações. Condição natural dos Espíritos Imperfeitos. Mas não é condição permanente, fixa ou imutável.

Subordinados que estamos também à Lei do Progresso, toda realidade do nosso Planeta foi plasmada dentro da posição evolutiva dos Espíritos Imperfeitos, decorrendo daí todas as mazelas presentes. Não podemos desqualificar as referidas etapas por nós ainda experienciadas. Mas como estamos caminhando para a maturidade espiritual, aqueles que se sentirem tocados em suas mentes e corações pela vinda de um novo tempo, estarão seguros em direcionarem os seus Potenciais Divinos para o estágio vindouro, que é o Amor, que ainda será captado e sentido em sua feição relativa, o que podemos considerar altamente significativo. O **AMOR** na sua feição absoluta para o nosso nível evolutivo é indiscutivelmente **JESUS**.

Começamos assim a entrelaçar sentimento e evolução; ponderação e atitude; mais Espírito, menos matéria. Qual será a nossa próxima conquista evolutiva espiritual? Qual o caminho da nossa qualificação para a condição de **"instruído e purificado, tem sentimentos"**?

Lázaro nos afirma que a nossa passagem pelas etapas dos instintos e sensações são períodos transitórios, ambos são germens e embriões dos sentimentos. Havendo, portanto, uma etapa acima, na qual nos libertamos da sua escravização. A qual exige labor e suor; esforço e constância. Sabedoria iniciante.

Toda caminhada tem o seu ponto de partida. A nossa Posição na Escala Espírita, da mesma maneira. Na medida em que nos deslocamos, surgem novas possibilidades, abrem novos horizontes, diante dos quais sentimos a chegada de novos ares, novas experiências. Os velhos modelos parecem esgotados, já não respondem aos anseios. É o chamado irresistível da Consciência que começa a despertar para aquilo que *O Livro dos Espíritos*, em sua questão 107, nos apresenta como sendo a Segunda Ordem; a dos Espíritos Bons, que assim se apresentam:

"Caracteres Gerais. Predomínio do Espírito sobre a matéria; desejo do bem. Suas qualidades e seu poder de fazer o bem estão na razão do grau que atingiram: uns possuem a ciência, outros a sabedoria e a bondade; os mais adiantados juntam ao seu saber as qualidades morais. Não estando ainda completamente desmaterializados, conservam mais ou menos, segundo sua ordem, os traços da existência corpórea, seja na linguagem, seja nos hábitos, nos quais se encontram até mesmo algumas de suas manias. Se não fosse assim seriam Espíritos perfeitos.

Compreendem Deus e o infinito e gozam já da felicidade dos bons. Sentem-se felizes quando fazem o bem e quando impedem o mal. O amor que os une é para eles uma fonte de inefável felicidade, não alterada pela inveja nem pelos remorsos, ou por qualquer das más paixões que atormentam os Espíritos imperfeitos; mas terão ainda de passar por provas, até atingirem a perfeição absoluta.

Como Espíritos, suscitam bons pensamentos, desviam os homens do caminho do mal, protegem durante a vida aqueles que se tornam dignos e neutralizam a influência dos Espíritos imperfeitos sobre os que não se comprazem nela.

Quando encarnados, são bons e benevolentes para com os semelhantes; não se deixam levar pelo orgulho, nem pelo egoísmo, nem pela ambição; não provam ódio, nem rancor, nem inveja ou ciúme, fazendo o bem pelo bem.

A esta ordem pertencem os Espíritos designados nas crenças vulgares pelos nomes de bons gênios, gênios protetores, Espíritos do bem. Nos tempos de superstição e de ignorância, foram considerados divindades benfazejas."

Somos forçados a concordar que é um chamado harmonioso, equilibrado, sensato, lúcido, cativante, libertador, significativo, que parece até fora de realidade. Nada traumático, nada brusco, nada de improviso. Ainda somos aspirantes à Ordem dos Bons Espíritos. Existindo, naturalmente, diversas etapas intermediárias, nas quais carregaremos boa parte da herança que amealhamos na Ordem dos Espíritos Imperfeitos, mas já em processo de reeducação, sob as luzes da Ordem dos Bons Espíritos. Gradativamente vamos ampliando a extensão da nossa qualitativa influência de **PROPENSÃO PARA O BEM**. É uma substituição sem violência, imposição ou agressividade.

Mas já usufruímos uma atmosfera planetária do ponto de vista espiritual mais respirável, onde em todos os níveis de ação humana, seja encarnada ou desencarnada, o BEM recebe uma acolhida positiva na maior parte das Consciências. Agora é importante que sintamos que tais condições têm seu ponto de partida: o nosso presente momento, com todos os elementos que o compõem, pois todos são importantes germens de sabedoria. E Jesus no Lar é, com toda certeza, o momento ideal para que atendamos ao chamado de Lázaro, que assim se expressa: **"O Espírito deve ser cultivado como um campo"**.

Já fomos semeadores das ervas daninhas, quando passamos pela fieira da ignorância, desviando temporariamente o nosso livre-arbítrio do caminho natural que é a Lei de Deus, escrita na consciência. Desvio este que coloca a nossa Humanidade diante da responsabilidade individual e coletiva, pelos usos e abusos, proveitos e benefícios indevidos, extrapolação dos limites do bom senso; das atitudes lesa humanidade, antievangelho.

Chega o momento de colocarmos em ação a nossa transição espiritual, agindo de maneira pró-ativa, começando a semear as sementes qualitativas das virtudes, dos sentimentos positivos, facilitando o desenvolvimento natural da **PROPENSÃO PARA O BEM**.

Sim, amigo leitor. É necessário que saiamos do círculo das reencarnações de baixo teor espiritual, que tem como efeito colateral um desperdício de oportunidade, um menosprezo pelo que seja essencial, mas uma forte adesão ao que seja acessório. Para que tal paisagem seja erradicada do nosso jeito de ser, a entronização de Jesus no Lar, com certeza, é uma contribuição do mais alto valor para que a nossa transição espiritual, para a condição de um Bom Espírito, seja realizada em condições profundamente facilitadoras, com um ganho de produtividade excepcional.

A transição se inicia verdadeiramente de nosso íntimo para o exterior. E podemos afirmar que Jesus no Lar é o grande fiador do nosso sucesso. Ele nos disponibiliza as ferramentas para que o nosso ponto de mutação se consolide e fortaleça, para que assim, gradativamente, a nossa rentabilidade existencial se torne cada vez mais sábia, sensata, centrada e prazerosa.

Para que atinjamos a condição dos Bons Espíritos, é imprescindível a pavimentação de uma nova maneira de caminhar. Sem patrociná-la, ficaremos marcando passo na evolução. Uma pavimentação segura e confiável se dá quando Jesus no Lar nos disponibiliza, uma vez por semana, um material de excelente qualidade para que obtenhamos sucesso na consolidação dos valores de vida imortal.

Sintamos o quanto é extraordinária a sua salutar influência, em nós e no universo que nos circunda. O Evangelho no Lar é excelente para a saúde física e espiritual. Supera com facilidade o Biotônico Fontoura, que é um revigorante para o corpo, pois fortifica a Alma, podemos até nomeá-lo Evangelho no Lar Biotônico da Vida Familiar! Com Jesus em nosso Lar, acontece um saneamento da atmosfera, tanto física quanto mental, espiritual, emocional e psicológica, tornando a convivência mais qualitativa, aparando as arestas espinhosas que cada um de nós traz consigo; onde a busca da melhora se faz com naturalidade, deixando o estresse bem longe, como um visitante ocasional e esporádico.

Com o Evangelho no Coração, nos tornamos construtivos, edificantes, colaborativos, cooperativos. Nossa irradiação pessoal sofre uma transmutação que nos torna atrativos, de presenças agradáveis. Passamos a ser cativantes. Outros corações captam a nossa irradiação e a sentem sem saber o que é. Com o Evangelho no Coração, passamos a ser exportadores dos valores referenciais de Jesus no Lar. Acontecendo assim um aperfeiçoamento em nosso jeito de ser. Onde nos deslocamos da zona de conforto dos problemas, para a dinâmica da solução. Evangelho no Coração é o Biotônico Fontoura da Individualidade Existencialmente Saudável!

Realmente Jesus no Lar é Salubérrimo para a família, fonte de prevenção de primeira grandeza. Vacina de imunização com as afecções da alma, como a influenza da irritação, o vírus da raiva, a bactéria do ressentimento. Onde os anticorpos da fé raciocinante, do diálogo salutar e do carinho mútuo, tornam o núcleo familial salubríssimo. E, com o Evangelho agasalhado no Coração, passamos a ser uma extensão natural de tal salubridade, favorecendo que se abra em muitas mentes e corações um hiato, para as realidades do Espírito imortal.

Necessitamos de encarnações com alto teor de Espiritualização, onde o aproveitamento das oportunidades se faz sem reclamações, a percepção do que seja essencial facilita as escolhas. Tanto faz estar encarnado ou desencarnado, pois quando despertamos como Espírito, pouco importa o estado; o que conta são as resoluções vindas da intimidade do Ser, das profundezas da Consciência.

São elas as agentes facilitadoras para que a nossa **PROPENSÃO PARA O BEM** vá se robustecendo gradativamente, efetivando assim a reintegração de posse do nosso terreno existencial que tem sido dominado pela propensão para o mal, erradicando as ervas daninhas por longo tempo cultivadas, assim como também interrompendo a geração das sementes do mal.

Processo que pode ser grandemente favorecido por uma pausa, para que desenvolvamos uma estratégia na qual introduzamos doses generosas do maravilhoso adubo do Amor que é Jesus no Lar, que torna o reduto do Lar uma fortaleza Espiritual, uma sentinela ativa do Bem.

São 52 chances de adubações por amor, por ano; são 52 oportunidades de semeaduras do Bem, a cada 12 meses; são 52 irrigações no solo dos sentimentos, a cada 10080 minutos; são 52 ações de cuidados, em arrancar com firmeza e sensibilidade as ervas daninhas das emoções deseducadas, que resistem ao amoroso processo educativo do Bem, a cada 168 horas; são 52 encontros semanais para cultivarmos as sementes do Bem.

Para que possamos levar o Evangelho no compartimento do Coração, irradiando a sua luz sobre o nosso proceder ético existencial, permitindo-nos escolhas e decisões da melhor qualidade, nas 8760 horas que compõem um ano.

Logicamente que se não pudermos ocupá-las integralmente com o Evangelho no Coração, que nos empenhemos no limite das nossas possibilidades, para que o número maior delas seja preenchido com tal elemento robustecedor da Vontade Salutar!

Deixemos de lado a ansiedade de querermos pular etapas. Firmeza e constância sempre. Cada passo deve ser valorizado. Cada conquista comemorada com muita disposição e motivação. Abramos com carinho um hiato de luz. Com Jesus no Lar e o Evangelho batendo no compasso do Coração.

•●•

Hiato

Com o Evangelho no Coração, passamos a ser exportadores dos valores referenciais de Jesus no Lar. Acontecendo assim um aperfeiçoamento em nosso jeito de ser. Onde nos deslocamos da zona de conforto dos problemas, para a dinâmica da solução.

BOMBEIROS DE DEUS

13

Valores Humanos como Honestidade, Respeito, Não violência, Ética, Justiça, Responsabilidade, Solidariedade, Afetividade, Honradez, Bom convívio, são alguns dos anticorpos naturais para que a sociedade possa excluir os males que temporariamente assolam a nossa humanidade, como, por exemplo, corrupção desenfreada; ausência de ética e respeito; abuso de toda natureza; injustiças em todos os níveis...

Mas tal realidade não se concretiza num passe de mágica; de um dia para o outro, por um decreto de um organismo como a ONU (Organização das Nações Unidas). Bem que seria desejável, mas impraticável. Valores Humanos são uma construção subjetiva individual. Não temos ainda aparelhos ou equipamentos que possam calcular o grau e qualidade dos Valores Humanos de cada pessoa.

Podemos nos revestir de uma máscara apresentável, agradável, cujo conteúdo oculto se revele na ocasião propícia. Quando dizemos que determinada pessoa mudou, estamos equivocados, pois ela está revelando os seus verdadeiros valores, que se encontravam escondidos pela máscara da hipocrisia. Observemo-nos; quando desejamos algo ou alguma coisa de alguém, fingidamente a nossa entonação vocal fica suave, melosa, adocicada. Damos uma freada em nossa impulsividade, a agressividade fica controlada, os olhos ficam brilhantes, mostramos uma paciência admirável! Manifestamos carinho, afeto, seduzimos, nos tornamos envolventes, buscamos agradar, ouvimos com atenção o que a pessoa nos fala; apelamos para os bons sentimentos do outro. Barganhamos. O assédio é realizado com habilidade e pode ir de alguns minutos até alguns anos.

Depois que o objetivo é atingido, nos desvencilhamos de todos os valores-acessórios, e novamente voltamos para a normalidade das mazelas humanas. Retornamos assim para o normose, que é a doença da normalidade. Apesar dos Valores Humanos serem um ideal, eles ainda não são a realidade. Sinalizando-nos com clareza meridiana que o seu começo se faz em ilhas individuais de incubação, para depois termos a contaminação coletiva. A escola é um excelente laboratório, mas o Lar é a escola da Excelência do desenvolvimento dos Valores Humanos.

Há Espíritos que já reencarnam com os Valores Humanos consolidados, consequência de um cultivo realizado em anteriores encarnações. Mas em nossa esmagadora maioria somos patrocinadores rebeldes das mazelas humanas, que encontram, graças à nossa **propensão para o mal**, um terreno fértil para o seu desenvolvimento. Devido à nossa condição momentânea de Espíritos Imperfeitos, desejamos realizar conquistas qualitativas em um espaço de tempo curto. Acreditamos que "queimar etapas" seja inteligente. Para que realizar o circuito completo, se um atalho pode encurtar o caminho?

Vale a chamada lei do Gerson, um jogador de futebol que foi tricampeão na Copa de 1970, e que em uma propaganda de cigarro dizia: "Gosto de levar vantagem em tudo, certo? Leve vantagem você também!". Uma afirmação de que "os fins justificam os meios", deixando de considerar assim os Valores Humanos. Normalmente, a nossa postura é "faça o que eu mando, mas não faça o que eu faço", atitude incoerente, de poucos efeitos práticos, que geram os frutos pouco saborosos do mal, seja em escala maior ou menor.

Mesmo as religiões que devem ser sentinelas avançadas dos Valores Humanos, os têm em seus discursos e programas, conceitos e dogmas. Mas, como são constituídas de seres humanos que ainda estagiam no degrau de acesso da Escala Espírita, na Ordem dos Espíritos Imperfeitos, acabam, muitas vezes, trazendo duvidosas propostas. Em muitas delas supervaloriza-se o que é pouco importante, as aparências contam muito e se age sem muita reflexão e sem **convicção**, deixando de lado o que deveria ser o seu verdadeiro propósito; a essência é o que conta, a reflexão sempre antecipa a ação.

Nosso anseio é sermos felizes, plenos, realizados, ausência de conflitos, harmonia com todos. Mas além do anseio, aspiração e desejo, precisamos de muito mais. Quanto mais ampla for a nossa percepção, mais riqueza de detalhes se revela, facilitando o nosso entendimento e aceitação de realidade como escola regenerativa, pois com a presença da imortalidade pessoal, somos os únicos responsáveis pelos nossos atos e suas consequências. A vida não cessa com a desencarnação. Levamos e trazemos conosco a nossa herança existencial. Afetos e desafetos conservam suas características inalteradas, até que as nossas posições se modifiquem para melhor.

Existem muitos caminhos que podemos escolher para trazermos os Valores Humanos para o nosso presente do indicativo. Um dos caminhos mais significativos é Jesus Bombeiro do Amor no Lar, onde deixamos a condição de incendiário existencial, um isqueiro das mazelas, para a nossa condição de Bombeiro de Deus. Abandonamos a condição de detonadores verbais, para nos transformarmos em desativadores da bomba-relógio das relações doentias.

Jesus Bombeiro do Amor no Lar é uma terapêutica para que, mesmo que sejamos um agressivo Caim, tenhamos toda condição de nos transformamos em um pacífico Abel, existindo assim esperança para todos nós sem a separação de ninguém. Temos à nossa disposição a segunda palavra do Alfabeto Divino: a Reencarnação. Mecanismo perfeito para a regeneração de qualquer consciência. Silencioso mecanismo Divino, que atua sobre todos nós. Lei Universal, diante da qual o mais ferrenho materialista, está subordinado. O negador mais consistente também a ela se submete.

E Jesus Bombeiro do Amor no Lar torna o jugo leve e o fardo suave. Sendo o Biotônico Fontoura da Relação Familiar, nos favorece o crescimento da robustez existencial, que amplia a nossa capacidade de suportação, e o jugo da matéria passa a ser sentido como prazer de viver, trazendo leveza e assim, consequentemente, passamos a aceitar e a digerir o nosso fardo com elegância de espírito, sensatez.

Para Espíritos como nós, alunos relapsos em muitas matérias na escola da vida, o Evangelho no Lar é um Elixir, uma bebida medicamentosa para o Espírito imortal; medicamento que nos motiva a um deguste sábio da encarnação, onde vamos descobrindo um sabor agradável, que contém substâncias balsâmicas para as dores da alma, e relaxantes para o cultivo de estados da alma mais tranquilos e serenos.

Emmanuel, no livro *Caminhos de Volta*, ditado ao médium Chico Xavier, nos brinda com uma pérola, intitulada "Bombeiro de Deus" e que merece ser engastada no colar de sentimentos do nosso coração:

"Temos diversas formas de auxiliar:

suprimir a penúria;

estender a beneficência;

criar a generosidade;

consolar o sofrimento.

Existe, porém, uma delas ao alcance de todos e que pode ser largamente exercida em qualquer lugar: o donativo da calma nos momentos atribulados da vida.

Recorda os bens espirituais que consegues distribuir e não marginalizes semelhante recurso.

Diante de reclamações e críticas, usa a tolerância que estabeleça a harmonia possível entre acusados e acusadores; recebendo injúrias e ofensas, silencia e esquece os desequilíbrios de que por ventura te fizeste vítima, sustando calamidades da delinquência; perante a agressividade exagerada de alguém, guarda a serenidade que balsamize corações e pacifique ambientes; encontrando veículos de discórdia, emprega o entendimento que afaste choques e conflitos capazes de suscitar azedume e perturbação.

Em qualquer lance difícil da existência, dispões da possibilidade de atuar beneficamente com os recursos da bondade e da compreensão que entretecem a garantia da paz.

Lembra a faísca lançada impensadamente quando se transforma em fogo descontrolado e devorador.

Qualquer criatura, quando se mostre agindo sem noção de responsabilidade, pode gerar incêndios lamentáveis, destruindo os mais altos valores da vida.

Por isso mesmo, onde estivermos, sejamos nós os bombeiros de Deus".

Aqui Emmanuel se refere aos efeitos devastadores da cólera, que é um sentimento violento de alguém em reação ao que o revolta, ofende, prejudica, indigna. Uma das suas manifestações é a ira associada à raiva, que se desdobra em agitação, impetuosidade e fúria.

Agora, para que possamos dar as respostas propostas por Emmanuel na condição de Bombeiros de Deus, não conseguimos de um instante para outro, tampouco da noite para o dia, pois com improvisação não funciona. O convite feito por Allan Kardec em *O Evangelho segundo o Espiritismo*, no capítulo 9 – Bem Aventurados os Mansos e Pacíficos – que nos disponibiliza o antídoto contra a cólera e sua família que são: "A afabilidade e a doçura, a paciência e obediência e resignação".

Como agasalharmos tanto o convite de Allan Kardec como de Emmanuel no Lar e no Coração? Como nos transmutarmos em agentes da paz, da calma, da concórdia, do silêncio construtivo e da serenidade?

Jesus Bombeiro do Amor no Lar, e o Evangelho nos fazem bombeiro aprendiz do amor Coração na sociedade, constituem uma dupla dinamizadora dos efeitos renovadores sobre as consciências que desejam elevar seu padrão de vida nas relações, tanto com encarnados como desencarnados, onde podemos nos colocar em patamares mais elevados, respirando uma atmosfera menos poluída, mais salutar.

Lembramos aqui que Jesus Bombeiro do Amor no Lar e o Evangelho do bombeiro aprendiz do amor no Coração, desde que o queiramos, é lógico, podem ser estáticos ou Dinâmicos. Jesus no Lar e o Evangelho no Coração estáticos se desenvolvem de maneira forçada, com padrões que não se alteram; tem muito conteúdo religioso, mas pouco de conteúdo de Espiritualização; as pessoas têm uma participação inativa, inerte, sem reflexões qualitativas, gerando anêmicos reflexos comportamentais ou espirituais. É mais semelhante a uma obrigação.

Jesus Bombeiro do Amor no Lar e o Evangelho do bombeiro aprendiz no Coração Dinâmicos possuem outras características, desenvolvem-se em clima de espontaneidade; as reuniões acompanham as linhas sinuosas do cotidiano, permitindo que se coloque sob a Luz de Jesus e do Evangelho comportamentos e atitudes, passados, presentes e futuros, para o cultivo de novos estados emocionais, psicológicos, comportamentais e espirituais. Gerando nutritivos reflexos existenciais. São vividos e sentidos com naturalidade.

Estão ausentes posturas como condenação, julgamento, tribunal, acusações. Mas, sim, se fazem presentes fraternidade, acolhimento, compreensão e muito amor.

Para que se concretize a fixação e a internalização do Bombeiro de Deus, há um processo que pede PROJETO - PROCESSOS - PROCEDIMENTOS.

PROJETO – Jesus Bombeiro do Amor no Evangelho no Lar, como fonte de reflexão, análise, diálogos sobre o tema. Se for necessário aprofundar o tema. Conhecer o significado das palavras. Podemos dedicar quantos Evangelhos sentirmos necessário para que o Bombeiro de Deus se consolide. Com ele, todo assunto pode ser abordado com sensibilidade e sabedoria.

PROCESSOS – A elaboração de estratégias do gota a gota, da substituição das gotas poluídas, por gotas salutares. Uma gota doente por outra saudável. Um dia de cada vez. Lembremo-nos de que somos uma fonte poluída por milênios de escolhas na contramão das Leis Divinas. A praia é constituída de pequenos grãos de areia... Sejamos otimistas.

PROCEDIMENTOS – Execução das duas etapas anteriores no campo das ações externas, como das atitudes íntimas. Temos aqui o Evangelho do aprendiz de bombeiro no Coração, para seguirmos adiante na ativação do Bombeiro de Deus. Prosseguirmos, continuarmos infatigavelmente, com ânimo, determinação e doses diárias de paciência.

Feliz Bombeiro de Deus para você.

•●•

Bombeiro de Deus

Jesus no Lar é uma terapêutica para que, mesmo que sejamos um agressivo Caim, tenhamos traços de Abel, existindo assim esperança para todos nós, sem separação de ninguém. Temos à nossa disposição a segunda palavra do Alfabeto Divino: a Reencarnação. Mecanismo perfeito para a regeneração de qualquer consciência.

BOA NOVA NA ERA DO ESPÍRITO

14

Sem sombra de dúvidas, somos Espíritos imortais que, por ora, estagiam na condição de encarnados; condição revestida do mais alto valor e que nos oferece situações facilitadoras para a construção de um edifício existencial com bases sólidas.

Sabemos também que tal pensamento não é comum a todos os habitantes deste Planeta. Para muitos, as regras e princípios religiosos são alicerces fundamentais, nada havendo além deles. Outros de nós fazem parte da procissão dos indiferentes, que seguem atrelados à superficialidade enganadora da posição materialista-utilitarista. Uma parte significativa da população se classifica sem religião.

Como estamos ainda, do ponto de vista evolutivo, engatinhando, a nossa habilitação espiritual reflete tal condição evolutiva. Intelectualmente possuímos algum avanço, mas moralmente deixamos a desejar. Somos inteligentes e criativos, mas quando focamos ética e valores humanos, somos sofríveis no que se refere ao Espírito imortal. Não podemos ser qualificados como Espíritos saudáveis, equilibrados, com facilidade para aplicar a dosimetria do bom senso.

Temos hoje em nosso Planeta um quadro preocupante do ponto de vista ecológico-ambiental, do consumo desequilibrado, dos conflitos que vão desde a violência urbana, passando pelo trânsito caótico, da ocupação desordenada dos espaços, das monoculturas que alteram o bioma (que são grandes comunidades de plantas e animais que estão adaptados a certa região com clima, relevo e outras condições ambientais determinadas). Por exemplo, o bioma da Floresta Amazônica, onde prevalece o imediatismo do curto prazo, pouco se considerando o legado para as futuras gerações. Pela Lei da Reencarnação, os mesmos causadores desses danos podem ser recambiados para colherem os frutos da insensatez semeada.

Concordamos que a nossa miopia, falta de perspicácia, gera enormes dificuldades para realizarmos avaliações mais qualitativas, onde o interesse pessoal esteja subordinado ao interesse coletivo, e somente com o patrocínio de uma visão mais abrangente é que poderemos corrigir a nossa resistência em deixar posições antievolutivas do ponto de vista moral.

E para aqueles de nós que estejam motivados a corrigir essa miopia existencial, que nos impede enxergar mais longe do que a nossa ilusória zona de conforto, temos a Doutrina Espírita, que nos disponibiliza o seu magnífico conteúdo, para a nossa apreciação e justa degustação e assimilação, alargando a nossa percepção e sensibilidade, dilatando o nosso horizonte existencial, emprestando um valor todo especial para cada criatura aqui domiciliada, seja encarnada ou desencarnada.

Assim sendo, podemos descartar o acaso de nosso cardápio existencial e começarmos a admitir que uma causa primária aqui nos situou: Deus.

Na questão 132 de *O Livro dos Espíritos*, podemos captar o valor de que se reveste a nossa encarnação:

"Qual é a finalidade da encarnação dos Espíritos?

Deus a impõe com o fim de levá-los à perfeição. Para uns é uma expiação; para outros uma missão. Mas, para chegar a essa perfeição, eles devem sofrer todas as vicissitudes da existência corpórea: nisto é que está a expiação. A encarnação tem ainda outra finalidade, que é a de pôr o Espírito em condições de enfrentar a sua parte na obra da criação. É para executá-la que ele toma um aparelho em cada mundo, em harmonia com a sua matéria essencial, a fim de nele cumprir, daquele ponto de vista, as ordens de Deus. E dessa maneira, concorrendo para a obra geral, também progride."

A resposta dos Espíritos dá o que pensar. A encarnação é condição *"sine qua non"*, locução latina que quer dizer "sem a qual não", sendo, portanto, obrigatória, indispensável e essencial. Diante da Lei Divina, nossa posição individual, qualquer que seja, não afeta a sua aplicação, não impede a sua execução, nem tampouco a nossa submissão a ela.

Ela se dá justamente dentro da condição evolutiva de cada criatura. Como a *"natura non facit saltum"*, ou seja, a "natureza não dá saltos", refletimos individualmente as nossas aquisições espirituais evolutivas, não havendo mecanismos que possam suprimir deficiências e imperfeições, mazelas e defeitos, senão pela multiplicidade das encarnações, instrumento perfeito para a nossa educação no tempo e no espaço.

Para chegarmos à perfeição, existem os pedágios das vicissitudes, que são os reveses, os infortúnios, a impermanência da matéria, as instabilidades dos fatos e acontecimentos, as mudanças em nossas condições existenciais, as contrariedades, as variações que escapam às nossas percepções. E devemos passar por todas as vicissitudes, não havendo "jeitinho brasileiro" que nos dê alternativa melhor.

Queremos aqui deixar bem claro que a encarnação do Espírito não é invenção do espiritismo, nem tampouco uma criação de Allan Kardec, mas sim uma Lei Natural, tendo sua origem na Paternidade Divina, no Sublime Amor do Pai. O que o espiritismo faz por intermédio de Allan Kardec é uma constatação lógica que somente uma fé raciocinante pode fazer.

Já na frase seguinte, os Espíritos nos revelam: "A encarnação tem ainda outra finalidade, que é a de pôr o Espírito em condições de enfrentar a sua parte na obra da criação." Podemos considerá-la como ferramenta capacitante para desenvolvermos condições de Filhos de Deus para, quando chegarmos a uma condição evolutiva Superior, podermos assumir a nossa parte na obra da Criação. Sintamos o quanto é nobre a nossa encarnação. O seu extraordinário valor. Seu significado Divino. Sua nobre finalidade. Cada uma delas, quando devidamente aproveitada, é mais um passo rumo à perfeição. Cada uma delas, desperdiçadas, é um atraso voluntário que adia tal conquista pelo tempo que quisermos. Quanto mais formos voluntários e espontâneos, a nossa trajetória se faz mais suave, gostosa, proveitosa, deliciosa, prazerosa, significativa, lucrativa, agregadora de valores qualitativos para o Espírito imortal.

Complementam as Inteligências Imortais: "É para executá-la que ele toma um aparelho em cada mundo, em harmonia com a sua matéria essencial, a fim de nele cumprir, daquele ponto de vista, as ordens de Deus. E dessa maneira, concorrendo para a obra geral, também progredir."

Nossa Reverência para o Pai Criador! Para que cumpramos as suas ordens, Ele não precisa ficar repetindo para cada criatura o que fazer. Nem tampouco ficar vigiando cada um de nós. Ou enviar Espíritos agentes secretos para lhe enviarem relatórios a nosso respeito. Ele simplesmente colocou a sua Lei em nossa Consciência, e depende exclusivamente de nós ouvi-la, senti-la, entendê-la, aplicá-la em todos os atos de nossa vida. É uma atitude individual. Uma resposta que vem de dentro. Uma elaboração pessoal e intransferível. Terceirização é impossível. A Responsabilidade é pessoal. E o caminho mais seguro é a nossa cooperação para a obra coletiva que é a parcela da Humanidade, composta de cerca de 30 bilhões de Espíritos que perfazem a nossa população de desencarnados (maioria) e encarnados (minoria).

Para que não aleguemos a nossa orfandade (inexistente de fato), Jesus se submeteu a compartilhar conosco a condição de um ser encarnado, sem privilégio algum, submetendo-se a todas as condições presentes na existência de todos nós. Passando por idênticas etapas, processos e circunstâncias.

Sua presença entre nós é um presente do Pai, para a nossa humanidade. Ele nos revela como pavimentar o caminho rumo à felicidade. Em vez de fazer-se representar por mensageiros, escolhe fazê-lo pessoalmente. Assume um corpo carnal e passa pelas vicissitudes da vida corporal, com elegância de espírito, com sabedoria, maestria, sensibilidade, firmeza, delicadeza, sinceridade, transparência, humildade, simplicidade, essência, disponibilidade, amorosidade, empatia, acolhimento, aceitação, compreensão, nivelando-se conosco, porém deixando fluir de si, o que é a realidade de quem vive com amor a Lei de Deus escrita na Consciência. Ele é o mensageiro da Boa Nova, das notícias de excelente qualidade. E, neste terceiro milênio que ainda se encontra iniciando, ele pode estar presente em nossa vida, desde que nos disponhamos a caminharmos na direção da Era do Espírito.

A Boa Nova, o seu Evangelho, ainda é um grande desconhecido de quase todos nós. Apesar de a Bíblia, que contém a Boa Nova, estar presente em bilhões de casas, poucos de nós trazemos a Boa Nova para o nosso presente do indicativo, onde, na Era do Espírito, pode ser um eficiente GPS (Geo Posicionamento por Satélite) de nós enquanto Espíritos imortais. Facilitando-nos uma posição existencial qualitativa, onde a nossa localização se fará por intermédio da melhora na qualidade de nossas irradiações e emanações energéticas. Passamos a ser um elemento mais qualitativo na Sociedade Humana, com a Boa Nova na Era do Espírito no Coração.

E Jesus, com a Boa Nova na Era do Espírito no Lar, nos traz ingredientes de ótima qualidade para que renovemos a nossa tabela de valores pessoais, onde a Boa Nova, adicionada à lucidez que a Doutrina Espírita nos oportuniza, enriquece significativamente a razão de ser da nossa estada aqui. Onde as respostas colaboram para que o equilíbrio seja um elemento do nosso cotidiano. O autodomínio seja efetivo. O comedimento se manifeste, decorrendo assim as relações harmoniosas.

Basta apenas que marquemos um encontro semanal com Jesus e a Boa Nova na Era do Espírito, que é um tratado de como realizar a felicidade humana. Assim como abrimos a nossa casa para tantas influências que deixam a desejar, que tal recepcionar Jesus e o seu Evangelho, para que possamos edificar desde os alicerces a estrutura de um Lar, que é invisível aos olhos, mas sensível ao coração. Podemos comprar uma casa, mas ninguém pode nos vender um Lar...

A Boa Nova na Era do Espírito, quando associada ao Jesus no Lar e o Evangelho no Coração, Doutrina Espírita, gera uma revolução, pois facilita a reeducação de encarnados e desencarnados. Torna o nosso Lar uma pequena célula interespíritos; ou seja, onde são socorridos doentes em suas mais variadas expressões, trazendo lesões afetivas, emocionais, evidenciando chagas interiores, trazendo a sede da água da vida, e fome do pão da vida: Jesus!

Nesses dias em que, encarnados e desencarnados, estamos quase todos desorientados sobre como agir qualitativamente, a Boa Nova é a resposta para que deixemos a era da ignorância, saiamos da caverna da insensibilidade e adentremos com a segurança de Jesus no Lar e o Evangelho no Coração, associados aos salutares conhecimentos espíritas, conscientes do que nos falta e de como podemos conquistar condições existenciais da melhor qualidade desde o presente do indicativo.

Posso afirmar com certeza que estou sendo um dos beneficiários de tais presentes Divinos. Sinto-me alguém em reabilitação, premiado pela oportunidade de usufruir do manancial do Jesus a Boa Nova na Era do Espírito no Lar há cerca de 30 anos. Assim como, apesar das minhas grandes limitações, a Boa Nova na Era do Espírito começa lentamente a fazer morada no meu Coração, até que um dia se torne o Lar portátil do Evangelho.

Ah, leitor companheiro! Jesus e o Evangelho são um convite para que nos coloquemos em sintonia com o Reino de Deus. Um dos seus pontos fortes é a simplicidade. Temos assim a possibilidade de dar novos significados a pensamentos e sentimentos, tendências e posturas, ideias e conceitos, deixando penetrar em nossos poros espirituais o seu maravilhoso teor.

A Boa Nova na Era do Espírito e Jesus no Lar é, sem sombra de dúvida, um elemento da mais alta importância para que o núcleo familiar tenha um desempenho pró-ativo, como o Evangelho no Coração, dando condições para que sejamos agentes exportadores das excelências existenciais de que passamos a ser patrocinadores naturais.

Que belo círculo virtuoso: Jesus, Evangelho e Nós. Nós, Evangelho e Jesus. Jesus, Nós e o Evangelho. Evangelho, Jesus e Nós. Nós, Jesus e o Evangelho. Evangelho, Nós e Jesus. São diversas combinações, mas todas elas tendo como pontos de convergência o caminho facilitador da felicidade humana.

Atualize-se, colocando-se em dia com a Boa Nova na Era do Espírito. Jesus é a modernidade maior, e o Evangelho a Boa Nova na Era do Espírito no Coração é a nossa escolha rumo a esta modernidade.

Boa nova na era do Espírito

Que belo círculo virtuoso: Jesus, Evangelho e Nós. Nós, Evangelho e Jesus. Jesus, Nós e o Evangelho. Evangelho, Jesus e Nós. Nós, Jesus e o Evangelho. Evangelho, Nós e Jesus. São diversas combinações, mas todas elas tendo como pontos de convergência o caminho facilitador da felicidade humana.

BASTIDORES A SEREM CONSIDERADOS

15

O espiritismo traz, para aqueles que se aproximam das suas fontes para saciar sua sede de conhecimentos e informação, libertação e transformação; respostas da mais alta qualidade, ofertando-nos elementos que, dependendo da nossa motivação, podem se tornar excelentes facilitadores da eclosão dos nossos Divinos Potenciais.

Sendo um apelo ao bom senso, o espiritismo nos revela aspectos até então ignorados ou envolvidos pelos véus da ignorância, do fantástico, do extraordinário, do miraculoso; dando-nos condições para que removamos a catarata da nossa falta de saber de onde viemos, por que aqui estamos e para onde vamos. Sem a ativação da nossa vontade, da nossa capacidade de querer e de escolher, teremos grande possibilidade de deixar passar uma excelente oportunidade que nos é oferecida graciosamente pelos Espíritos.

São os Espíritos que chegam até nós, e quando se dá o encontro com Allan Kardec, ele pressente algo mais do que mesas girantes. Do diálogo, de ambas as partes, surge *O Livro dos Espíritos*, que foi compilado, ou seja, que reuniu e estruturou, organizou e ordenou os assuntos, e o resultado do diálogo surge nesta obra monumental.

Em *O Livro dos Espíritos*, no capítulo 9 do Livro Segundo: "Intervenção dos Espíritos no Mundo Corporal", das questões 456 a 557, nos são trazidas ricas elucidações sobre o tema da relação que os Espíritos desencarnados mantêm conosco, oferecendo-nos robustas informações que, devidamente captadas, transformar-se-ão em alavancas libertadoras das superstições, crendices não sustentadas pela razão; abrindo caminho para que a fé raciocinante encontre acolhida em nossa consciência.

Nessas questões de *O Livro dos Espíritos*, temos a confirmação de que realmente os Espíritos nos influenciam, e recebemos esclarecimentos de primeira linha, que nos revelam aspectos ignorados. Temas que as religiões e filosofias abordam timidamente, ficando apenas na superficialidade enganosa das lendas e superstições. Allan Kardec e os Espíritos fazem um trabalho que podemos considerar um tratado de pedagogia à luz do Espírito imortal. Somos a mesma humanidade que ora está na vida original – que é a Vida Espiritual –, ora está como nós, vestindo um corpo material.

Havendo assim uma natural interação entre ambas as populações, cujo padrão de qualidade depende das intenções dos participantes. Toda criatura que se dedicar, como Allan Kardec o fez, chegará às mesmas conclusões, pois a Vida Espiritual espera uma exploração sábia da nossa parte.

Em 1910, no dia 2 de abril, abre os olhos para este mundo o nosso querido Chico Xavier; um facilitador extraordinário da comprovação da Imortalidade Pessoal dos Espíritos, detentor, dentre tantos atributos mediúnicos, do talento da psicografia – escrita feita por um médium sob a influência de um Espírito desencarnado. Como sequência natural das obras de Allan Kardec, na série *A Vida no Mundo Espiritual*, temos um desdobramento com maiores detalhes sobre o *modus vivendi* dos Espíritos. Detalhes estes que geram desde uma aceitação natural, até uma recusa em considerar tais informações. Isso porque somos comodistas e muitos têm reações que só podem partir de quem sofre da patologia chamada neofobia, que é a condição de quem apresenta desprazer ao entrar em contato com novidades ou conhecimentos que extrapolem as suas ideias e concepções.

Em um dos livros psicografados por Chico Xavier, *Missionários da Luz*, em seu capítulo seis, denominado "Oração", são revelados os bastidores da influência dos Espíritos sobre nós, e como podemos melhorar a qualidade dessa influência, já que não podemos eliminá-la, pois temos uma população desencarnada de cerca de 23 bilhões de Espíritos!

Novos tempos pedem nova mentalidade. Novos tempos solicitam novas abordagens. Novos tempos sugerem abertura mental e emocional. Acompanhemos com atenção um pequeno trecho do referido capítulo:

"Entendendo-me a estranheza, Alexandre indicou o rapaz que se dispunha a penetrar o reduto doméstico, depois de pequeno percurso a pé, e falou:

— Há diversos processos de medicação espiritual contra o vampirismo, os quais poderemos desenvolver em direções diversas; mas, para fornecer a você uma demonstração prática, visitemos o lar de nosso amigo. Conhecerá o mais poderoso antídoto.

Curioso, observei que as entidades infelizes mostravam-se, agora, terrivelmente contrafeitas. Alguma coisa impedia-lhes acompanhar a vítima ao interior.

— Naturalmente – acentuou meu generoso companheiro — você já sabe que a prece traça fronteiras vibratórias.

Sim, já observara experiências dessa ordem.

— Aqui – prosseguiu ele — reside uma irmã que tem a felicidade de cultivar a oração fervorosa e reta.

Entramos. E, enquanto o amigo encarnado se preparava a recolher, Alexandre explicava-me o motivo da sublime paz reinante entre as paredes humildes.

— O lar – disse — não é somente a moradia dos corpos, mas, acima de tudo, a residência das almas. O santuário doméstico, que encontre criaturas amantes da oração e dos sentimentos elevados, converte-se em campo sublime das mais belas florações e colheitas espirituais. Nosso amigo não se equilibrou ainda nas bases legítimas da vida, depois de extremas vacilações e levianas experiências da primeira mocidade; no entanto, sua companheira, mulher jovem e cristã, garante-lhe a casa tranquila, com a sua presença, pela abundante e permanente emissão de forças purificadoras e luminosas, de que o seu Espírito se nutre.

Achava-me eminentemente surpreendido. De fato, a tranquilidade interior era grande e confortadora. Em cada ângulo das paredes e em cada objeto isolado havia vibrações de paz inalterável. O rapaz, agora, penetrava o aposento modesto, naturalmente disposto ao descanso noturno."

O instrutor Alexandre vai nos conduzindo sabiamente pelo maravilhoso caminho dos Bastidores . Assim como no teatro, temos o espaço que contorna o palco e que não é visível à plateia, no qual se dá a movimentação de atores e outras pessoas, fora de cena. Temos aqui um quadro real no qual a plateia encarnada também é dirigida pelos bastidores do desencarnados.

Temos, por traz do pano da vida material, as relações, tramas e dramas; as intrigas que se desenvolvem dentro de uma família, junto de uma pessoa, uma empresa, uma cidade, um país, um planeta, uma organização, um grupo etc., e que o público encarnado desconhece. André Luiz fica intrigado. Como se defender daqueles Espíritos vampirizadores? Que força pode neutralizá-los?

Mas ao se aproximarem do Lar, não conseguiam acompanhar o rapaz, demonstrando contrariedade, irritação, pois sentiam uma barreira invisível aos seus olhos, mas intransponível para as suas vontades. São as fronteiras vibratórias traçadas pela Prece. Pelo que podemos perceber, não basta apenas querer passar por elas, são necessárias condições vibratórias e mentais, emocionais e psicológicas.

Observemos que são bloqueios naturais. Estabelecendo o limite máximo permitido para que tais desencarnados possam se aproximar. Não possuindo recursos próprios para superar o que para eles é um obstáculo, apesar da vontade. A moradora Cecília cultiva a prece fervorosa; ou seja, aplica-se na prece; desenvolve a prece; alimenta a prece; sustenta a prece; torna a prece nutritiva. Cecília exercita a prece. Realiza a preceterapia.

Adiciona ainda o adjetivo "fervorosa"; ou seja, um sentimento intenso, que mostra empenho dedicação, motivação. Agrega fé, desejo, esperança, entusiasmo; apresentando ao mesmo tempo zelo e cuidado. Um conjunto, digamos, poderoso, cujo patrocínio corre por conta de nossa companheira Cecília.

Percebamos que as vibrações impregnam até os objetos materiais. Um ambiente simples do ponto de vista material. Mas que riqueza espiritual tem um Lar! Alexandre a apresenta para nós como uma cristã, sendo alguém, portanto, que traz Jesus nos Bastidores do Lar e o Evangelho nos Bastidores do Coração. Muito além de qualquer rótulo, manifestação exterior, sua irradiação é autonutritiva; ou seja, ela se retroalimenta, dando um retorno qualitativo para si mesma.

Temos um quadro real do quanto devemos considerar que os Bastidores de Jesus no Lar e o Evangelho no Coração fazem uma diferença fora de qualquer parâmetro de avaliação meramente material. O quanto as nossas emissões energéticas vibratórias podem qualificar a atmosfera espiritual do Lar. Se é justo investirmos no conforto material da nossa casa, o quanto não deveremos nos empenhar para a criação e a manutenção de uma atmosfera qualitativa que representa o Bastidor da nossa realidade espiritual.

Podemos então deduzir que existe toda uma realidade espiritual subjetiva, em cada um de nós, um entorno subjetivo, a realidade espiritual que por enquanto também é subjetiva para a maior parte da nossa humanidade, realidade esta que a mediunidade acessa, identificando seus habitantes, quem são eles, como se comportam, quais são as suas motivações e desejos.

A realidade espiritual abstrata merece a nossa atenção e carinho, pois cada desencarnado é aquilo que os seus sentimentos representam: desejos, vontades, motivações, prazeres, hábitos, emoções, sonhos e desilusões, esperanças e frustrações. Havendo assim, desde os que protegem e amparam, aos ociosos, inconscientes, até aqueles que têm sentimentos de vingança, ódio, e os que se ligam pela simples afinidade.

Cecília nos exemplifica que cobertura espiritual todos nós temos ao nosso dispor, bastando apenas que movimentemos os nossos recursos divinos, para que estabeleçamos a conexão, a sintonia, fazendo a manutenção qualitativa do OLHAI, VIGIAI E ORAI.

Com Jesus no alicerce do Lar e o Evangelho, fonte de inspiração do Coração, estaremos adentrando os portais daqueles Espíritos que, despertando, saem da letargia da zona de conforto, e passam a ser colaboradores ativos da implantação do Bem em nosso Planeta. Criando um polo irradiante de aspectos positivos, que fará com que nossa identificação espiritual tenha os seus bastidores da melhor qualidade.

Felizmente, podemos selecionar os participantes do nosso Bastidor particular. E, afirmativamente, Jesus no Lar e o Evangelho no Coração, são patrocinadores de Bastidores Existenciais da melhor qualidade, sendo seletores naturais das boas companhias espirituais, favorecendo-nos a reconciliação com os adversários desencarnados, além de podermos ter em nosso Lar uma extensão do Amoroso Coração de Jesus, onde muitos são beneficiados pelos Bastidores com Jesus, sem o saberem.

•●•

Bastidores a serem considerados

Adiciona ainda o adjetivo "fervorosa"; ou seja, um sentimento intenso, que mostra empenho dedicação, motivação. Agrega fé, desejo, esperança, entusiasmo; apresentando ao mesmo tempo zelo e cuidado.

AMOR, ANTÍDOTO SEM CONTRAINDICAÇÃO

16

O capítulo anterior nos descortina um universo existencial além da vida material, composto de elementos que vão desde os Espíritos desencarnados transitoriamente desequilibrados, até, energias, vibrações, germens, vírus, bactérias, influenciações mútuas entre vivos daqui e vivos de lá. Estagnados daqui e estagnados de lá.

Mas também este mesmo Universo tem representantes dos Espíritos que já consolidaram o equilíbrio, e as energias e vibrações são curativas regenerativas, recompositoras, revigorativas, positivas, onde as influenciações mútuas são da melhor qualidade. Espíritos Esforçados daqui, associados aos Espíritos Esforçados de lá.

É de nossa exclusiva responsabilidade a escolha dos nossos parceiros desencarnados, aos quais estamos associados pela lei da afinidade e sintonia, por meio da assimilação das correntes mentais simpáticas. Cabe a nós, exclusivamente, a seleção da frequência vibratória com a qual estaremos afinizados. A modulação é de nossa inteira liberdade de escolha.

Mas para que possamos galgar a montanha dos desafios da nossa transição do estado de consciência adormecida para o estado de Consciência Desperta, um elemento indispensável é o binômio Jesus Amor, Antídoto Sem Contraindicação no Lar e o Evangelho Amor, Antídoto Sem Contraindicação no Coração.

Binômio aparentemente simples, mas riquíssimo na promoção de causas e efeitos de excelente qualidade. Facilitando a incorporação ao nosso cardápio existencial, pois as nutritivas propostas de Jesus Amor, Antídoto Sem Contraindicação no Lar, que terão como consequência natural o Evangelho Amor, Antídoto Sem Contraindicação no Coração na amplitude da vida social, profissional, fazendo de nós uma estação inicial do Bem e terminal do mal.

Dependendo do nosso estado de espírito, logicamente, o nosso encontro semanal com Jesus Amor, Antídoto Sem Contraindicações em nosso Lar, será um momento de recepção de bênçãos, benefícios, amparos, apoios, sustentação, renovação das nossas condições físicas, mentais, emocionais, psicológicas e espirituais, gerando efeitos colaterais do Bem em qualidade e quantidades incalculáveis.

As grossas camadas da ignorância, associadas ao descaso com a nossa condição de Imortalidade Pessoal, adicionando ainda a nossa preguiça mental, colaboram para que avancemos a passos de tartaruga na edificação de uma consciência desperta, ativa, aplicando o trio de ouro proposto por Marcos em seu Evangelho no capítulo 13:33: **"Olhai, Vigiai e Orai"**, que é um sábio convite para que adentremos a Era do Espírito, com passos seguros e conscientes.

Cecília nos revela como um encarnado comum pode criar em torno de si um generoso e poderoso círculo virtuoso. Ela coloca em ação o trio de ouro, fazendo da sua modesta casa um gigantesco Lar. Revelando-nos assim que podemos desde já criar uma condição de excelência em nossa condição espiritual evolutiva.

Temos, presentemente, empresas especializadas que oferecem serviços de segurança, disponibilizando profissionais para segurança bancária, segurança de eventos como festas, casamentos. E para aqueles que disponham de recursos financeiros, temos os guarda-costas, pessoas que buscam preservar elementos da sociedade, que se sintam ameaçados por elementos da própria sociedade humana.

Dispomos também de dispositivos eletrônicos, como sensores de presença, detectores de metais, câmaras, alarmes, dispositivos ultrassensíveis na detecção de presenças consideradas indesejáveis. Lembremo-nos dos alarmes dos automóveis. Nos aeroportos, temos os detectores de metais, e o raio-X aplicado nas bagagens, e corpos.

Mas quais dessas tecnologias são capazes de detectar e identificar os acompanhantes invisíveis do esposo da Cecília? Qual aparelho ultrassensível tem condições de captar tais elementos desencarnados que, no caso, desejavam acompanhar o esposo de Cecília? Como um musculoso segurança poderia impedi-los de entrar junto com os seus protegidos? Dentro de um carro forte, quantos acompanhantes desencarnados não estarão ali? Quem pode proteger uma pessoa do assédio de uma multidão de desencarnados descontentes? Qual alarme dispararia ante a presença deles? Quantos deles adentram os automóveis e nem sequer são pressentidos?

Por enquanto, temos como ferramenta mais eficiente e eficaz a mediunidade. Como exemplo, o médium Chico

Xavier nos descortina toda uma realidade extrafísica, com uma riqueza de detalhes, informações, esclarecimentos, elucidações e revelações, fazendo-se instrumento de Espíritos como André Luiz, que na série *A Vida no Mundo Espiritual*, amplia significativamente a nossa visão sobre a existência extrafísica, com uma riqueza de detalhes impressionante.

Se for do nosso interesse, poderemos ir além da informação, adentrando os portais renovadores do conhecimento espírita libertador e, avançando um pouco mais, convidarmos Jesus Amor para que seja conosco no Lar, para que o Amor Evangelho faça morada em nosso Coração.

Cecília é o retrato cristalino de como podemos fazer a diferença para melhor, revelando-nos dispositivos naturais de proteção, que são absolutamente gratuitos, sem custo algum. Mas eficientes e eficazes para lidar com os habitantes do mundo astral, que ainda não se decidiram pela escolha do caminho da felicidade, cuja manutenção depende exclusivamente dela, não de elementos externos. Sendo assim, ela é a promotora da causa e do efeito.

Qualquer criatura pode ativar tal modo de proteção e autodefesa. Superior a qualquer arte marcial. Infinitamente mais protetor do que seguranças armados. Mais confiável do que os detectores de metal. Mais seguro do que qualquer cofre de um banco. Tudo isto a custo zero! Temos condições de estar colocando em ação o Amor, Antídoto espiritual, que é um contraveneno, uma substância medicamentosa pró-ativa, capaz de impedir ou neutralizar a ação nociva ou as propriedades tóxicas de outra substância espiritual negativa.

O Amor é um Antídoto espiritual, remédio contra a influência funesta de encarnados e desencarnados com intenções e objetivos que sejam contrários ao bem-estar individual e coletivo. Facilitando, por outro lado, a aplicação da influência salutar dos encarnados e desencarnados com intenções e objetivos favoráveis ao estar-bem individual e coletivo, familiar e social.

Continuemos acompanhando as explicações do instrutor Alexandre ao nosso companheiro André Luiz, no capítulo 6 "Oração", do livro *Missionários da Luz*, para que possamos identificar o referido Antídoto tão poderoso do ponto de vista do Espírito imortal:

"— Não tenha dúvida – prosseguiu o orientador —, a oração é o mais eficiente antídoto do vampirismo. A prece não é movimento mecânico de lábios, nem disco de fácil repetição no aparelho da mente. É vibração, energia, poder. A criatura que ora, mobilizando as próprias forças, realiza trabalhos de inexprimível significação. Semelhante estado psíquico descortina forças ignoradas, revela a nossa origem divina e coloca-nos em contato com as fontes superiores. Dentro dessa realização, o Espírito, em qualquer forma, pode emitir raios de espantoso poder."

Destacamos em negrito para que atentemos para as palavras expressas por Alexandre. Elevando a **Oração à condição do mais eficiente Antídoto do vampirismo**. Podemos considerar assim que, com a Oração, nós selecionamos os comensais ou os parceiros que compartilharão conosco do ambiente espiritual da nossa casa. Se for apenas um ambiente físico, ou se os comensais compartilharão conosco o ambiente espiritual do nosso Lar, edificado com Jesus e o Evangelho no Coração, que já é outra história de excelência em qualidade.

Os comensais do mal vivem às nossas custas, ou seja, aqueles que nos exploram psiquicamente sem pudor algum, vampirizam as nossas energias, abusam da nossa capacidade, compartilham dos nossos vícios e defeitos, inspiram-nos a manter distância de Jesus no Lar e o Evangelho no Coração. São os agentes antibem.

Os parceiros do Bem são respeitadores do nosso livre-arbítrio, doam-nos suas energias positivas, fortalecem a nossa capacidade, estimulam as nossas virtudes, são motivadores e participantes ativos de Jesus no Lar e o Evangelho no Coração, agentes do Amor, Antídoto Sem Contraindicações. São promotores da união, do entendimento e da concórdia; jamais desrespeitam a nossa capacidade de escolha, buscando sempre nos incentivar a fazer o Bem, ainda que fazer o Bem implique em esforço, renúncia, superação de dificuldades.

Mas para que tal contraveneno seja eficaz e eficiente, a Oração deve ser não mecânica, ou seja, repetida por ter sido memorizada, retida na memória, reprodução de palavras vazias, repetidas verbalmente, emitidas sem vibração de energia, entusiasmo, repetição monocórdia, de um jeito monótono, chato, com uma uniformidade sem qualquer emoção; onde temos forma, mas pouco conteúdo. Muita pompa e circunstância, mas, além disso, quase nada.

Como encontramos em *O Evangelho segundo o Espiritismo*, capítulo 27, item 17: "A prece só tem valor pelo pensamento que a informa. Ora, é impossível ligar um pensamento àquilo que não se compreende, pois o que não se compreende não pode tocar o coração. Para a grande maioria, as preces numa língua desconhecida não passam de mistura de palavras que nada dizem ao Espírito. Para que a prece toque o coração, é necessário que cada palavra revele uma ideia e, se não a compreendermos, ela não pode revelar nenhuma. Podemos repeti-la como simples fórmula, cuja virtude estará apenas no menor ou maior número das repetições. Muitos oram por dever, alguns, mesmo, para seguir o costume; eis porque eles se julgam quites com o dever, depois de uma prece repetida por certo número de vezes e segundo determinada ordem.

Mas Deus lê no íntimo dos corações; perscruta o nosso pensamento e a nossa sinceridade; e considerá-lo mais sensível à forma do que ao fundo seria rebaixá-lo."

Ora, com Jesus Amor, Antídoto Sem Contraindicações no Lar, a nossa oração passa a tocar o coração, pois gradativamente nós vamos nos libertando das orações decoradas, repetidas, sem qualquer emoção ou vibração, e deixamos fluir com naturalidade as belezas do nosso sentimento em harmonia com o pensamento, na expressão verbal, na qual a nossa boca é o veículo final do processo subjetivo do sentir e pensar.

Essas orações sim, são canalizações do Amor, Antídoto natural, diante dos quais selecionaremos os participantes da intimidade do nosso Lar. São antídotos que podem ser usados sem contraindicação, pois são manifestação do Amor Sem Fronteiras.

Muitas casas podem ser belíssimas materialmente, e podem, em seu interior, serem espiritualmente um Lar. Muitas casas podem ser pobres materialmente, mas espiritualmente muito ricas, pois são um Lar. Muitas casas podem ser belíssimas materialmente, mas de uma pobreza de espírito entristecedora. Muitas casas podem ser pobres materialmente, mas de uma pobreza de Espírito maior ainda.

Um dos pontos importantes na Oração é a motivação do agente emissor, no caso, o Espírito encarnado. É ele quem imprime energia, força, vigor, vitalidade, potência. Conta mais o fundo do que a forma. A Oração é uma força atrativa e seletiva na nossa relação com o Criador e os Espíritos Amigos, seus agentes. Quanto maior espontaneidade na Oração, melhor a qualidade da conversa entre a criatura e Criador.

E Jesus no Lar, somado ao Amor, Antídoto Sem Contraindicação, mais o Evangelho no Coração, adicionados à

Oração natural, serão poderosos antídotos para a edificação do nosso Lar. Onde, como Espíritos, seremos fonte irradiante de maravilhoso poder, que se manifesta de dentro para fora. Irradiando do Espírito para tudo que o cerca. Colaborando para que a nossa atmosfera pessoal seja um agente positivo na economia do Universo.

E outros agentes do Bem se somarão a nós. Pela lei natural da atração, emitiremos vibrações que atrairão até nós emissores e vibrações correspondentes e compatíveis, onde o interesse comum pelo Bem será a mola propulsora no presente do indicativo. Empenhemo-nos em sermos agentes propagadores efetivos do Amor, Antídoto Sem Contraindicação, por intermédio de Jesus no Lar e o Evangelho no Coração.

A oração não é um ritual, não é repetição mecânica, não é a mera expressão verbal. É o exercício da sensibilidade, das emoções que comovem, dos pensamentos que se ampliam, dos canais de comunicação consigo, com os Espíritos e com Deus, que é sempre uma construção nossa.

A Oração associada ao Amor, Antídoto Sem Contraindicação é poderoso contraveneno; maravilhosa substância medicamentosa capaz de impedir ou neutralizar a ação nociva ou as propriedades tóxicas dos agentes do mal. Remédio contra o mal moral e contra a influência dos Espíritos que fazem parte da legião antibem.

Antídoto sem contraindicações

Os parceiros do bem são respeitadores do nosso livre-arbítrio, doam-nos suas energias positivas, fortalecem a nossa capacidade, estimulam as nossas virtudes, são motivadores e participantes ativos de Jesus no Lar e o Evangelho no Coração.

MEDICAMENTO IMPORTANTE

17

Realmente, leitor amigo, a obra mediúnica da lavra de Chico Xavier tem um adicional incomparável, que é o próprio Chico Xavier. Ele é um extraordinário intérprete do que seja um ser humano interexistente, alguém que está de entremeio, participando tanto da realidade temporária de nós encarnados, como da realidade original, que é a do Mundo Espiritual.

Quando conseguimos captar a essência das obras da sua parceria com os Espíritos, os recados que elas trazem implícitas, voltados para a renovação dos nossos valores e maneiras de sentir, pensar e agir, dá para a nossa existência um sentido nobre e belo, edificante e salutar, cujo prazo de validade pode, se for do nosso desejo, ser estendido imortalidade afora.

São obras que, nas suas entrelinhas, nos deixam convites maravilhosos para que incorporemos ao nosso jeito de ser valores não deterioráveis, que ao longo do tempo vão se confirmando, dando uma robustez de espírito muito mais qualitativa do que aquela adquirida nas academias de ginásticas, onde muitas vezes, à custa de recursos artificiais, ganhamos uma robustez aparente e doentia. Onde muitos frequentadores se utilizam de anabolizantes, que são substâncias que estimulam o anabolismo, ou seja, estimulam o crescimento artificial de massa muscular artificial, quando o mais sábio seria investir em esforço e dedicação, perseverança e motivação, com ações que sejam baseadas na consciência de que tais ilusões podem gerar efeitos colaterais plenamente dispensáveis.

É assim também com o nosso desenvolvimento na presente encarnação, onde muitos de nós, enganados por belas propagandas, imagens e ideias sedutoras, passamos a consumir anabolizantes espirituais, que nos induzem a crer que poderemos, em um passe de mágica, solucionar questões que dizem respeito à nossa condição de Espírito matriculado em um processo existencial multimilenário, não havendo condições de queimar etapas, dar aparentes saltos evolutivos.

E a obra Xaveriana, por intermédio dos Espíritos, vem confirmar que, ainda que nas aparências estejamos bem, na essência podemos estar deixando a desejar, vivendo à base de autoengano e autoilusão. Necessitamos ainda de múltiplas idas e vindas, encarnações e desencarnações, vinculações e desvinculações, estágios ora físicos, ora no mundo dos Espíritos, até que atinjamos uma condição mínima de um Espírito equilibrado. São informações que podem por serem transmutadas em conhecimento. Elas facilitam a operacionalização do entendimento de que somos seres espirituais temporariamente matriculados em experiências na vida material.

Disponibilizando-nos recursos para a realização de estratégias nas quais coloquemos doses generosas de ações e treinamentos, cujo foco maior é o desenvolvimento da CONSCIÊNCIA de que existe a Imortalidade Pessoal de cada um de nós; não havendo rota de fuga que possa viabilizar a nossa evasão da Responsabilidade Pessoal, ou a alienação da compreensão a respeito da própria condição e das relações reais do sujeito e sua existência no mundo.

Queiramos ou não, a obra Xaveriana comprova e demonstra que a falta de consciência ou a consciência equivocada a respeito dos processos e relações sociais, familiais, profissionais, relacionais afetivos, são ações voluntárias e que são determinantes na situação do indivíduo, seja na sua reentrada pela porta da encarnação, seja na saída da desencarnação.

Elas, portanto, são o resultado de uma estratégia desenvolvida pela espiritualidade e que se inicia em 1857, com o lançamento de *O Livro dos Espíritos*, codificado por Allan Kardec e prossegue no século vinte, com Chico Xavier, que dentro do caráter evolutivo da Doutrina Espírita, vem adicionar maiores detalhes da vida no mundo espiritual, em um convite amoroso para que façamos a escolha natural de adentrarmos a Era do Espírito, dispondo de informações tão facilitadoras, tão revolucionárias em sua forma e conteúdo.

Sua leitura pede uma abertura mental da nossa parte, nada ali objetiva nos iludir, enganar, engodar, distrair, passar o tempo, obter aquisições apressadas, conhecimento por osmose. O convite é para lançarmos um olhar renovado sobre o Universo que nos cerca.

Continuemos acompanhando o brilhante raciocínio de Alexandre, no livro *Missionários da Luz*, em seu capítulo 6, intitulado "Oração":

"Após breve intervalo, Alexandre considerou, imprimindo mais força ao ensinamento:

— E você não pode ignorar que as próprias formas inferiores da Terra se alimentam quase que integralmente de raios. Descem sobre a fronte humana, em cada minuto, bilhões de raios cósmicos, oriundos de estrelas e planetas amplamente distanciados da Terra, sem nos referirmos aos raios solares, caloríficos e luminosos, que a ciência terrestre mal começa a conhecer. Os raios gama, provenientes do elemento rádio que se desintegra incessantemente no solo, e os de várias expressões emitidos pela água e pelos metais, alcançam os habitantes da Terra pelos pés, determinando consideráveis influenciações. E, em sentido horizontal, experimenta o homem a atuação dos raios magnéticos exteriorizados pelos vegetais, pelos irracionais e pelos próprios semelhantes."

Aqui ele nos sugere a dedução de que recebemos as influenciações dos diversos elementos da natureza, que vão desde outras galáxias, passando pelos raios solares. Os minerais também dando a sua contribuição. Temos aqui a água dando a sua contribuição. Observemos que os vegetais estão presentes, incluindo os animais, e nós também. Raios horizontais, raios verticais.

São considerações que, convenhamos, são dignas da nossa apreciação, e mais ainda da nossa vivência, como a nossa promoção para um novo nível de consciência. Neste momento em que eu escrevo e no momento em que você ler estas páginas, tudo isto já terá ocorrido antes, está ocorrendo agora, e acontecerá depois. Aqueles de nós que se limitam à percepção limitadora da superfície do Ser Divino, que é o corpo físico, tem aqui a quantidade de elementos com que somos bombardeados diariamente. Realmente, caso assim pensemos, não será tempo de rever os nossos conceitos? Reavaliar pontos de vista? Considerar outras possibilidades? Aventar outras hipóteses? Abrir-se para novas perspectivas?

Continuemos acompanhando o raciocínio de Alexandre:

"A admiração impusera-me silêncio, mas o orientador prosseguiu, após ligeiro intervalo:

— E as emanações de natureza psíquica que envolvem a Humanidade, provenientes das colônias de seres desencarnados que rodeiam a Terra? Em cada segundo, André, cada um de nós recebe trilhões de raios de vária ordem e emitimos forças que nos são peculiares e que vão atuar no plano da vida, por vezes em regiões muitíssimo afastadas de nós. Nesse círculo de permuta incessante, os raios divinos, expedidos pela oração santificadora, convertem-se em fatores adiantados de cooperação eficiente e definitiva na cura do corpo, na renovação da alma e iluminação da consciência. Toda prece elevada é manancial de magnetismo criador e vivificante e toda criatura que cultiva a oração, com o devido equilíbrio do sentimento, transforma-se, gradativamente, em foco irradiante de energias da Divindade."

Lentamente Alexandre vai desenhando um quadro no qual a nossa mente vai sendo abastecida de elementos tão qualitativos e elucidativos, instrutivos e surpreendentes. Aqui, nós temos as emanações vindas dos Espíritos desencarnados que se agrupam conforme a afinidade que possuam. Tanto podendo fazer parte de colônias focadas de cooperandos no mal, como de colônias patrocinadas por cooperandos do Bem.

Chegamos finalmente na parte que nos toca, que é justamente a nossa emissão peculiar que se irradia, em sua propagação natural, alcança locais nem sequer imaginados! O processo é pessoal. Único. Sem paralelos. Não existindo assim condições de terceirizá-lo, pois é de nossa exclusiva responsabilidade.

Como atingirmos uma condição irradiante pessoal da melhor qualidade? Quais recursos poderíamos mobilizar para contribuirmos qualitativamente e CONSCIENTEMENTE para que um contexto que vai da unidade social que cada um de nós é, prosseguindo em uma expansão, até que, após muito treinamento, muito suor, muita firmeza, nos tornemos em um *"foco irradiante de energias da Divindade"*? Quais caminhos devemos percorrer para encontrar na nossa CONSCIÊNCIA recurso de ordem tão qualitativa, para que na vida consigamos mobilizar recursos, nos quais sentimentos e pensamentos equilibrados desaguem na Oração citada por Alexandre?

Ofereço aqui a minha singela sugestão. Caso você, amigo leitor, possua uma alternativa de melhor qualidade, por favor, avise-me para que eu possa estar divulgando-a. Afinal, as boas ideias merecem patrocínio.

Segundo informações oriundas do Plano dos Espíritos, Jesus é o Governador Espiritual da nossa Casa (que ainda não é um Lar) Planetária. Tendo, portanto, uma grande intimidade com a história evolutiva de cada um de nós; conhecendo a nossa ficha pessoal desde a nossa primeira encarnação; sabendo o que mostramos na superfície e o que somos na intimidade. Não há condições de enganá-lo, engodá-lo, fingirmos ser o que não somos. Tal opção revela desinteligência. Ele é o Medicamento enviado pelo Pai e a bula sublime é o seu Evangelho.

Um amigo, o Sérgio Balbino da cidade acolhedora de Divinópolis/MG, é um ativo colaborador do Centro Espírita Jesus de Nazaré, naquele município. É ele um exemplo de como um Jesus no Lar e o Evangelho no Coração pode se converter em um Centro Espírita.

Como ele atravessava uma fase trabalhosa na casa de seus pais, devido ao alcoolismo do seu pai e à condição adversa de sua mãe sob o domínio de uma severa depressão, após diversas peripécias chegou até a Fraternidade Espírita Irmão Glacus, onde, por meio do receituário mediúnico, foi orientado pelo Espírito Eugênio a tomar diversas atitudes, dentre elas o Jesus no Lar e o Evangelho no Coração.

Lógico que ele fez tudo, menos a lição de casa, a mais importante, que seria aquela que faria da casa um Lar, onde a bula do Evangelho é a prescrição inigualável. Solicitou um novo receituário, onde o mesmo Espírito assim respondeu: "Você não providenciou o MEDICAMENTO mais importante!".

Lógico que ele entendeu o recado, garoto experto...

Marcou uma quarta-feira com sua esposa Márcia, sua mãe e suas duas irmãs. Dando o pontapé inicial, em uma ação cuja evolução está superando todas as expectativas. Começaram a utilizar o Medicamento de Jesus no Lar e o Evangelho Medicamento no Coração, na cozinha da casa de sua mãe. Começaram a chegar mais pessoas, foram se espalhando pelas salas, corredores, escadas... Tiveram então a ideia de que na parte superior do agora Lar, fosse construído um salão para 100 pessoas. Não houve tempo de respirar, logo se apresentou a superlotação.

Hoje, temos a edificação confortável do Centro Espírita Jesus de Nazaré, um Lar Medicamentoso acolhedor, aconchegante. Tudo isto graças à acolhida de Jesus Medicamento da Alma no Lar e o Evangelho Medicamento do Coração. A expansão de um foco irradiante de energias Divinas do Lar, para um foco expandido no Lar Medicamento que é o Centro Espírita Jesus de Nazaré. Além de uma central da qual centenas de encarnados e desencarnados podem fazer de si o Evangelho Medicamento no Coração.

Mais uma vez, repetimos: Não existe neutralidade, ainda que optemos pela alienação, pela ignorância... Isso também são escolhas que geram irradiações, forças e energias. Mas Jesus Medicamento no Lar é a mais eficiente e eficaz medicação, para a recuperação de Espíritos doentes, convalescentes, iludidos e enganados, para a pavimentação da condição de um foco vivo da preceterapia existencial, pois, afinal, "Toda prece elevada é manancial de magnetismo criador e vivificante, e toda criatura que cultiva a oração, com o devido equilíbrio do sentimento, transforma-se, gradativamente, em foco irradiante de energias da Divindade".

●●●

Medicamento mais importante

Felizmente podemos marcar em nosso lar um tête-à-tête amoroso com Jesus, uma conversa particular, na qual podem participar familiares, amigos, parentes, e quem mais quiser se achegar.

TENDA DE AMOR

18

Quando nos permitimos considerar os postulados da Doutrina Espírita, que são um excelente ponto de partida, para que, por meio do raciocínio, movimentemos a nossa maravilhosa capacidade de pensar. Onde, mobilizando o raciocínio, usamos a razão para entender a realidade que cada um de nós é enquanto Espírito imortal, podemos ter notáveis surpresas, qualificadas como experiências-aprendizado, alargando o nosso horizonte existencial para uma percepção mais qualitativa, onde a realidade do Mundo Espiritual se patenteia, sendo ele o mundo normal, primitivo, eterno, preexistente e sobrevivente a tudo.

Ela tira o Espírito do domínio do fantástico e do sobrenatural, desmistificando fantasias sobre fantasmas, lugares assombrados, e dando-nos um banho de esclarecimento. Na magnífica obra *O Céu e o Inferno ou a Justiça Divina segundo o Espiritismo*, temos um verdadeiro tratado de demolição das construções mentais e religiosas que viemos sustentando ao longo de milênios.

Na sua segunda parte, ao nos trazer o depoimento de 67 habitantes da realidade da Vida Espiritual, desembaraçados da roupagem corporal, somos surpreendidos por depoimentos que nos revelam a variedade de tipos que compõem a esfera extrafísica, que vão dos Espíritos felizes, até os que aqui estiveram em expiação. É uma obra que merece uma visita carinhosa dos nossos olhos, da nossa inteligência, atenção, observação e análise, para uma justa ponderação.

Dentro do caráter progressista da Doutrina Espírita, Chico Xavier, com certeza a melhor antena mediúnica que este Planeta já teve depois de Jesus, na série *A Vida no Mundo Espiritual*, aprofunda as revelações sobre a vida extrafísica, onde toda uma população interage conosco, com muito mais naturalidade do que possamos imaginar.

O livro *Os Mensageiros*, ditado por André Luiz ao médium Chico Xavier, em seu capítulo 34, nos traz informações sobre essa interatividade entre desencarnados e encarnados, vida extrafísica associada à vida material. Observemos: "Entre dezoito e dezenove horas, atingimos uma casa singela de bairro modesto. No longo percurso, por ruas movimentadas, surpreendia-me, sobremaneira, por se me depararem quadros totalmente novos. Identificava, agora, a presença de muitos desencarnados de ordem inferior, seguindo os passos de transeuntes vários, ou colados a eles, em abraço singular. Muitos dependuravam- se a veículos, contemplavam-nos outros, das sacadas distantes. Alguns, em grupos, vagavam pelas ruas, formando verdadeiras nuvens escuras que houvessem baixado repentinamente ao solo. Assustei-me. Não havia anotado tais ocorrências nas excursões anteriores ao círculo carnal".

A descrição de André Luiz não deixa dúvidas sobre a intensidade da relação existente entre os cidadãos do mundo espiritual e nós encarnados. E o que deixa a desejar é o padrão de qualidade, pois as companhias revelam condições que não são das melhores. Podemos deduzir que eles se sentem bem à vontade conosco, sendo verdadeiros comensais existenciais, usufruindo da intimidade daqueles de nós que com eles estabelecem sintonia, sintonizados na mesma frequência vibratória.

Compartilhando também o ambiente da nossa casa material, já que usufruem da nossa parceria, fazendo-se presentes em diversas situações, como agentes promotores de discórdias, brigas, desinteligências, desentendimentos, incentivando e estimulando tudo aquilo que não atenda ao bem-estar do coletivo familial e social, profissional e relacional. Assim sendo, as religiões têm de fazer uma longa caminhada até admitir que podem estar equivocadas em relação aos seus conceitos sobre a vida pós-morte, cuja realidade faz seus dogmas parecerem brincadeira de crianças, sendo um pálido reflexo de uma realidade que supera em muito as suas concepções.

Tal realidade independe de qualquer fundamento religioso. Podemos até negar tais fatos, mas é uma atitude incompatível com a razão e o bom-senso. Outro detalhe da mais alta importância: as nossas companhias espirituais independem da nossa condição social, intelectual, racial, cultural, religiosa, mas sim da nossa condição moral, daquilo que somos na intimidade. Portanto, quando assumimos a superficialidade enganosa das aparências sem atentar para um conteúdo da melhor qualidade, podemos estar no caminho do autoengano e da autoilusão.

Infelizmente, a realidade não se submete às nossas infantilidades e fantasias. Nem tampouco se corrompe para atender aos nossos caprichos. E a Revelação Espírita é um chamamento para que desenvolvamos a nossa maturidade existencial, onde a responsabilidade pessoal se faça presente desde agora, no presente do indicativo.

Como selecionar melhores companhias? Disporemos de recursos para nos tornarmos pouco atrativos para os irmãos antibem desencarnados? Há recursos ao nosso dispor? Estaremos submetidos ao capricho das circunstâncias? Ao sabor da vontade dos desencarnados? Como deixarmos de ficar a mercê de tais parceiros?

Continua André Luiz a sua função de repórter do além-túmulo:

"Aquela residência de aspecto tão humilde que alcançávamos agora, proporcionava-me cariciosa impressão de conforto. Estava lindamente iluminada por clarões espirituais, que recordavam precisamente a nossa cidade tão distante. Fundamente surpreendido, reparei que o nosso orientador se detivera. Notando a nossa admiração, Aniceto indicou a casa pobre, e falou:

– Teremos aqui o nosso refúgio. É uma oficina que representa Nosso Lar."

Era um ambiente no qual certamente eles, os irmãos antibem desencarnados, não teriam acesso livre, devido aos elementos invisíveis ali existentes, como boas energias, boas conversas... Onde os assuntos eram abordados edificantemente, servindo de refúgio até mesmo para desencarnados PRÓ-BEM como Aniceto, André Luiz e Hilário.

Uma residência que seria considerada, do ponto de vista social, de uma família pobre, mas do ponto de vista Espiritual, que beleza! Pelas aparências enganosas da matéria, um local sem atrativos; mas do ponto de vista espiritual uma Tenda de Amor, com nobres presenças espirituais, ambiente energético da melhor qualidade. Havia ali as paredes invisíveis de um verdadeiro Lar com Jesus. Que possamos imitá-lo!

E mais uma revelação: Uma oficina da Espiritualidade em um Lar! Ela estava ali como uma extensão da Cidade Espiritual do Nosso Lar. Quer dizer que quando convidamos Jesus no Lar, e o fazemos sob um estado de espírito motivado, prazeroso, alegre, descontraído, natural, ficando bem distante das posições formalistas que engessam a expressividade individual – muitos Evangelhos no Lar parecem mais um velório; muita formalidade, e quase nada de espontaneidade –, estamos realmente acolhendo Jesus no Lar.

Tal ambiente é facilitador para que o Evangelho faça morada no Coração, favorecendo com que o indivíduo em aperfeiçoamento passe a irradiar elementos espirituais, mentais e emocionais de melhor condição possível. Condição esta que afasta naturalmente companhias indesejáveis, atraindo por sua vez aquelas que podemos classificar como de excelente qualidade. Podemos sentir o quanto de solidez Jesus no Lar traz para nós quando dedicamos a ele 52 dias do ano, pois a cada Evangelho realizado o ambiente, como um todo, sofre um acréscimo significativo de utilidade para a Espiritualidade.

É importante que ressaltemos que Jesus no Lar é um movimento dos mais simples, mas que, no entanto, pode revolucionar a nossa qualidade na vida, pois o nosso Lar pode ser uma extensão do Plano Espiritual, revelando-se confiável.

Outro detalhe da mais alta importância; Aniceto a eleva à categoria de Tenda de Amor, sendo ela, portanto, uma cobertura espiritual que isola do tumulto externo todos aqueles que se encontram dentro das suas barreiras magnéticas protetoras. É um ambiente cuja principal fonte de manutenção por parte dos encarnados é, sem sombra de dúvidas, Jesus no Lar e cujas colunas de sustentação é o Evangelho no Coração.

Somos convidados, amigo leitor, a nos empenhar para elevarmos a nossa casa a essa maravilhosa categoria de Tenda de Amor. Podemos deduzir que Jesus no Lar é o grande patrocinador desta revolução em nossa maneira de sentir, pensar e agir, na encarnação. Nós podemos moldar o nosso ambiente familial dentro do padrão de qualidade que queiramos.

Cada ambiente tem a sua psicosfera correspondente. Havendo, além do ambiente material, uma ambiência mental e espiritual, que decorre naturalmente do conjunto que o núcleo familial constrói. Temos equipamentos que detectam, como, por exemplo, aqueles que medem o índice de poluição nas grandes cidades, mas e a poluição das relações familiares, qual aparelho detecta?

Procuramos sempre melhorar as nossas condições sociais e econômicas, adquirindo bens materiais para demonstrar para a sociedade a nossa ascensão de um padrão inferior para outro superior. Mas estaremos incluindo nesse "pacote" a ascensão da elevação da nossa qualificação espiritual, com melhores sentimentos? Com pensamentos mais nobres? Um enriquecimento das relações interpessoais sob a ótica do Espírito imortal? O diálogo está fazendo parte do nosso cardápio cotidiano, com o prazer da convivência?

Não será hora de marcamos um encontro com Jesus no Lar e o Evangelho no coração, para darmos início ao processo das salutares relações familiais, nas quais passemos a ser um agente fermentador de Jesus, levedando a massa com o nosso jeito de ser mais pró-ativo?

"Quem sabe faz a hora, não espera acontecer", como canta Geraldo Vandré.

De um lado, temos o que para nós é a parte objetiva da vida, formada por três dimensões: altura, largura e comprimento; que consideramos real, verdadeira, concreta, visível, valiosa e que logicamente tem um grande valor relativo; não absoluto, pois é temporário, passageiro, com prazo de validade de começo, meio e fim. Por exemplo, a casa material em que habitamos tem tais características.

Aniceto, André Luiz e Hilário descortinam diante de nossos olhos as realidades e verdades abstratas e subjetivas, nas quais encontramos o Espírito imortal em condições inimagináveis, compartilhando a esfera material em profunda intimidade conosco, e nos revelam com clareza que, para elevarmos a nossa casa material, que é objetiva, à condição de um LAR, que é formado pelas paredes subjetivas dos sentimentos, Jesus no Lar ao menos uma vez por semana é uma poderosa fonte de estar bem existencialmente, além de podermos, subjetivamente, ser uma Tenda de Amor, atraindo e sintonizando os Espíritos PRÓ-BEM.

E com o Evangelho lentamente sendo gravado na acústica do Coração, seremos uma filial ambulante da Tenda de Amor, levando conosco, onde estivermos, com quem estivermos, como estivermos, sua mensagem subjetiva, invisível aos olhos, inaudível aos ouvidos, não palpável; mas contagiosa, tocante, sensibilizadora, comovedora, tornando-nos um parceiro ativo das Equipes PRÓ-BEM.

•●•

Tenda de Amor

Somos convidados, amigo leitor, a nos empenhar para elevarmos a nossa casa a essa maravilhosa categoria de Tenda de Amor.

FAZENDO-SE ÂNCORA

19

As revelações que nos são trazidas por intermédio da mediunidade de Chico Xavier visam, dentre outras coisas, uma mudança em nossa percepção sobre a riqueza que existe além da nossa dimensão física. Na realidade da vida material, nós nos movimentamos com desembaraço e desenvoltura; criamos equipamentos especiais para descer às grandes profundidades dos mares; no dia 20 de junho de 1969, a nave Apolo Onze pousou em solo lunar, ampliando a ação humana para além do nosso planeta; aviões cortam os ares cumprindo as suas rotas; navios singram os mares, levando mercadorias e passageiros...

Mais recentemente, tivemos o veículo-robô Curitosity que, no dia 6 de agosto de 2012, pousou em solo marciano, depois de ter realizado uma viagem de oito meses e meio, após um percurso de 570 milhões de quilômetros, daqui da Terra até Marte, que é o planeta mais próximo de nós. Ele foi lançado em 26 de novembro de 2011 e entre seus objetivos inclui-se a busca de rastros de vida passada no quarto planeta do Sistema Solar.

Por outro lado, estamos agindo infantilmente por meio da ocupação desinteligente, desordenada, predatória, que realizamos neste maravilhoso Planeta Terra. Abusos dos quais somos responsáveis, pois, dominados pelo materialismo utilitarista, acreditamos ser apenas corpos passageiros. Sentimo-nos meros transeuntes da vida; julgamos estarmos aqui na condição de passagem, transitória usufrutuária, que nada tem haver com o passado, e o futuro pertence às gerações vindouras.

Temos um mar de boas intenções, mas infelizmente minúsculas realizações. Principalmente ao analisarmos nossas relações, sejam elas intrapessoais, intrafamiliais, intrassociais, intraespíritos vemos que também nelas temos deixado a desejar. Quando surge a necessidades de interagirmos uns com os outros, revelamos o quanto nos falta para andar com sucesso no quesito proposto por Jesus: "Amai-vos uns aos outros".

Sendo ainda não Civilizados, temos diante de nós uma longa jornada existencial, onde, como arrimo Divino para a correção de nossas imperfeições, temos o Sublime instituto das Vidas Sucessivas, das multiplicidades das oportunidades. Para que possamos reverter todos os males por nós vivenciados, e naturalmente corrigir os seus efeitos colaterais, até edificarmos o Bem reparador, uma só existência se revela sem condições de concretizar tal empreendimento.

Por mais teimosos e descrentes que sejamos, apenas adiamos a nossa harmonização com a Lei de Deus, escrita em nossa consciência. Podemos postergar, adiar, desprezar, negligenciar, menosprezar, infringir, violar, preterir, mas o atraso será nosso. Atitudes que revelam infantilidade mental, deficiência de compreensão e entendimento, ilusão de que somos espertos, fantasia de que poderemos deixar de lado a nossa Responsabilidade Pessoal e Intransferível.

Existem situações que nos levam a entender a razão de estarmos matriculados em um Planeta de Provas e Expiações, pois, somos Espíritos rebeldes para com as Leis Divinas. Ao observarmos ao nosso redor, busquemos perceber e sentir quantos ambientes espirituais familiais são semelhantes ao que André Luiz nos traz no livro *Os Mensageiros*. Haverá quantos Lares como aquela Oficina de Nosso Lar? Quantos Lares terão a chefia espiritual de um seu morador desencarnado? Quem recepciona os visitantes, como Isidoro o faz? Onde estarão presentes condições para que a espiritualidade encontre uma parceria segura e qualitativa?

André Luiz constata que em sua antiga casa terrena não havia tal ambiência espiritual, estando o local aberto à frequência não selecionada, revelando assim a realidade da inexistência de barreiras vibratórias erguidas de dentro para fora, apesar de a sua condição social ter sido infinitamente superior à daquela célula familiar. Não queremos aqui afirmar que pobreza ou riqueza sejam condições impeditivas para o nosso sucesso existencial, pois, sendo provas naturais em nosso caminho evolutivo, a diferença fundamental está no aproveitamento realizado pelo Espírito, diante de tais oportunidades.

As duas condições sociais se revestem de características de vinculação com a Justiça Divina, que não é cega como a nossa. Sendo incorruptível, não sujeita a interesses subalternos e egoísticos. Temos a presença da lei da alternância, da permutabilidade das situações sociais, políticas, econômicas, raciais, havendo assim uma troca de papéis sociais que, se não tiverem uma âncora existencial para lhe dar estabilidade e equilíbrio, poderão redundar em resultados que sejam insatisfatórios do ponto de vista da nossa Imortalidade Pessoal.

Felizmente, dispomos de mecanismos gratuitos que, acionados por nós, poderão antecipar a nossa condição de aspirante a um Ser Civilizado, harmonizado com a Lei de Deus grafada na Consciência. Assim sendo, não estamos órfãos como podemos imaginar. Deus, sabendo das nossas traquinices evolutivas, enviou-nos diversos emissários, nos mais diversos períodos da história humana, para que viessem nos mostrar que somos muito mais do que apenas um corpo material.

Dentre eles se ressalta Jesus, Âncora do Amor. Deixou-nos tesouros mais valiosos do que minas de ouro, diamantes, prata, platina. Sendo alguém que veio do futuro, sua maior tecnologia é o Amor. Sua mensagem não está nas mídias sociais, está no seu jeito de ser. Ele não busca seguidores inconscientes, pois nos deseja Despertos para a nossa condição de Viajores das Estrelas, estacionados temporariamente neste corpo carnal.

Sendo um homem que veio do futuro, é a condição mais elevada que pode ser aspirada por nós. Sendo o tipo mais perfeito para nos servir de guia e modelo, totalizando em si virtudes, sabedoria, justiça, bom senso, equidade, sensibilidade e tudo o mais que possa a nossa imaginação criar de positivo e bom. Ele não é um líder religioso, mas sim líder do magnífico movimento de transmutação individual sob a luz do Espírito imortal. Nossa adesão com ele é individual, sem terceirizações, com plena liberdade de consciência.

Abrirmos a porta da nossa casa para ele é o primeiro passo para a edificação da Âncora do Amor no Lar, contando com o seu suporte generoso, amigo, incondicional, no tempo e no espaço, nesta e nas outras encarnações. É o estabelecimento de uma parceria assistida, cujo termo é a chegada à Perfeição.

Sabemos que âncora é um instrumento de ferro, que consta de uma barra grossa, terminada de um lado por uma argola móvel (arganéu ou anete) onde se ata um cabo, e de outro por dois braços armados de pontas (unhas), os quais, agarrando-se ao fundo do mar, aguentam o navio contra a força dos ventos e correntes. Serve, portanto, deitar ou lançar âncora, fundear, segurando o navio com a âncora, estando assim o navio seguro sobre a âncora.

Recordemo-nos também da "âncora de misericórdia ou âncora sagrada", designação que antigamente se dava à maior das três âncoras, que só se lançava em caso de grande perigo.

No capítulo 34 do livro *Os Mensageiros*, vamos entender realmente o quanto Jesus é a Âncora Divina ao nosso dispor:

"Confortadoras luzes brilhavam em todos os recantos. Havia ali um velho relógio, tosca mesa de grandes proporções, uma dúzia de cadeiras e alguns bancos rústicos.

A claridade espiritual reinante, todavia, era de maravilhoso efeito. Muita gente esclarecida e generosa do plano invisível aos humanos aí se reunia. Aniceto cumprimentou os grupos que lhe eram mais íntimos, de modo especial, e apresentou-nos com a bondade de sempre.

Sentindo-nos a admiração, esclareceu, quando nos vimos mais a sós num canto do salão:

Estamos numa oficina de 'Nosso Lar'. Isidoro e Isabel edificaram-na, num ato de heroísmo e fé, tendo saído de nossa cidade para essa tarefa, vai para mais de quarenta anos. Graças a Deus, ambos têm vencido, galhardamente, árduas provas, e mantêm seus compromissos corajosamente, em serviço na Crosta. Há três anos, voltou ele para a nossa esfera e, contudo, graças ao altruísmo da esposa e aos vínculos de amor espiritual que conservam acima de todas as expressões físicas, continuam estreitamente unidos, como no primeiro dia do reencontro na existência material. Dada esta circunstância invulgar, as autoridades de 'Nosso Lar' concederam-lhe permissão para continuar nesta casa como esposo amigo, pai devotado, sentinela vigilante e trabalhador fiel.

E, observando talvez a nossa maior surpresa, Aniceto acrescentou:

– Sim, amigos, o acaso não define responsabilidades nem atende a construção séria. A edificação espiritual pede esforço e dedicação. Assim como os navios do mundo necessitam de âncoras firmes para atenderem eficientemente à sua tarefa nos portos, também nós precisamos de irmãos corajosos e abnegados que façam o papel de âncoras entre as criaturas encarnadas, a fim de que, por elas, possam os grandes benfeitores da Espiritualidade Superior se fazerem sentir entre os homens ainda animalizados, ignorantes e infelizes."

Luzes, brilho, claridade, encontros sociais qualitativos, grupos afins. Lar oficina. Manutenção dos compromissos assumidos, antes da encarnação. Amor Espiritual. Pessoas Âncoras. Um belo retrato do que Jesus Âncora do Amor no Lar e o Evangelho Âncora do Amor no Coração podem concretizar. Barreiras vibratórias. Ambiência confortadora, acolhedora, sem qualquer artificialismo. Realidades construídas com o material de construção invisível e da melhor qualidade, que é o Amor em suas variadas e infinitas formas de manifestação.

Sintamo-nos convidados a edificar a nossa condição de Âncora Encarnada Colaboradora de Jesus, com a presença dele no Lar, para que incorporemos seu Evangelho Âncora estabilizadora do Coração, cura para a cardiopatia mais grave do Espírito encarnado: a falta de sentido para a vida, deixando de viver à toa. Com a sua presença, passamos a sentir, pensar e agir dentro de um padrão de qualidade, no qual tiramos o máximo proveito da presente existência, indo até os nossos limites. Atendamos ao convite de Aniceto, fazendo-nos Facilitadores Âncoras da Vida Imortal.

Ah, leitor amigo, permita-se tocar pela proposta que Jesus na intimidade do Lar, faz para nós, oportunizando-nos o convite para que o nosso Lar seja uma Âncora segura de estabilidade e equilíbrio! Ao preço suave de um encontro semanal, quatro ou cinco vezes no mês, 52 oportunidades em um ano. Dependendo da nossa Boa Vontade, fonte geradora de luz espiritual, fará do nosso Lar uma filial da Âncora do Amor, a morada dos sentimentos subjetivos, mas enobrecidos, patrocinadores do maravilhoso sentido da existência. O existir passar a ser uma experiência saborosa e suculenta, alentadora e estimulante.

Assim, com o Evangelho Âncora da misericórdia em nosso Coração, direcionaremos o nosso jeito de ser para os tesouros magníficos da vida interior; nossa riqueza subjetiva, nosso patrimônio qualitativo, intransferível, mas que pode e deve ser compartilhado. Pois tanto aqui na vida objetiva material, como na subjetiva espiritual e real, muitos daqueles que conosco cruzarem, ainda que não o saibam, sentem a força da Âncora da Divina Misericórdia, que é a irradiação do Amor Sem Fronteiras.

O Criador nos disponibiliza as cores primárias, verde, vermelho e azul, para com elas criarmos os diversos tons. Que tal Jesus Âncora do Amor no Lar e o Evangelho Âncora da Existência no Coração, como cores Âncoras primárias das nossas escolhas e decisões?

Sendo Âncora

Abrirmos a porta da nossa casa para ele é o primeiro passo para a edificação da Âncora do Amor no Lar, contando com o seu suporte generoso, amigo, incondicional, no tempo e no espaço, nesta e nas outras encarnações. É o estabelecimento de uma parceria assistida, cujo termo é a chegada à Perfeição.

DOCES FAVOS DE MEL

20

O núcleo primordial da consolidação dos valores Divinos em nossa consciência é uma casa que, com a nossa conscientização, pode vir a ser um Lar; empreendimento que se concretiza de dentro para fora, tendo como foco primordial as paredes invisíveis dos sentimentos, pensamentos, ideias, vibrações, que formam o universo individual dos seus componentes.

Mas enfrentamos o presente quadro de inversão de valores, onde as relações são baseadas na superficialidade, na qual os relacionamentos tornam-se descartáveis, a troca de parceiros se dá por motivos fúteis ou mantêm-se relações onde o padrão das aparências busca suprir o conteúdo conturbado e fragilizado. Daí uma penosa suportação; verdadeiras torturas íntimas, fazendo com que comprometamos uma parte significativa do nosso projeto encarnatório, desenvolvendo uma produtividade existencial aquém dos nossos potenciais e compromissos.

Consideremos também as nossas escolhas, que nem sempre estão enquadradas num padrão de qualidade positivo, tendo como efeito natural desventuras evitáveis, vinculações que se traduzem em dificuldades, relacionamentos marcados por profundas cicatrizes e marcas nos corpos físicos, além da poluição das nascentes da vida mental, emocional, psicológica e espiritual. Incluímos aqui também a sagrada condição da paternidade e da maternidade que sofre um severo comprometimento. Que sinalizam, em sua grande maioria, apenas um adiamento para futuras encarnações, acrescidas de consequências, efeitos colaterais, méritos e deméritos, atenuantes e agravantes, e elementos que nem sequer são considerados por nós.

Mais uma vez, a Doutrina Espírita, profundamente centrada no bom senso, não nos "deixa na mão". Traz elucidações que merecem as nossas mais profundas atenção e reflexão. Ela não existe para abonar as nossas atitudes imaturas. Ela visa que nós desenvolvamos a consciência de nossa Responsabilidade Pessoal e Intransferível.

Novamente André Luiz nos elucida sobre de onde viemos, antes de estarmos aqui reencarnados. Vejamos o que ele nos traz no capítulo 35 do livro *Os Mensageiros.*

"Nas primeiras horas da noite, Dona Isabel abandonou a agulha e convidou os filhinhos para o culto doméstico.

Notando o interesse que me despertavam as crianças, Aniceto explicou:

— As meninas são entidades amigas de 'Nosso Lar', que vieram para serviço espiritual e resgate necessário, na Terra. O mesmo, porém, não acontece ao pequeno, que procede de região inferior.

De fato, eu identificava perfeitamente a situação; o rapazola não se revestia de substância luminosa e atendia ao convite materno, não como quem se alegra, mas como quem obedece".

Aniceto nos elucida sobre as diferentes condições espirituais dos componentes daquele núcleo familial, dando-nos algumas informações a respeito do planejamento encarnatório que envolve Isidoro, sua esposa Isabel, suas filhas Neli, Joaninha, Marieta Noemi e Joãozinho. Revelando-nos que somos oriundos de diferentes regiões da Espiritualidade.

Podemos considerar que a criança que normalmente se apresenta sob o manto enganoso da inocência e da pureza, na realidade é um Espírito, cuja primeira oportunidade não é a que se apresenta nesta encarnação. Na espiritualidade, os Espíritos se agrupam em função da afinidade e sintonia, desejos assemelhados, identidade de objetivos. Não estando presente a "mistura" que acontece entre nós, quando estamos encarnados.

Isidoro, Isabel e as três filhas são cidadãos da cidade espiritual de Nosso Lar, localizada sobre o Rio de Janeiro, na periferia do Umbral (para maiores informações sobre a cidade espiritual de Nosso Lar, convido o amigo leitor à leitura do livro de mesmo nome, de autoria do Espírito André Luiz pelo médium Chico Xavier. Uma obra-prima sobre a vida espiritual).

Eles são, portanto, originários de uma cidade espiritual organizada, que apresenta diversos Ministérios, com 12 ministros cada um. Temos ali um departamento de preparação reencarnatória. Uma vida social qualitativa intensa. Grandes oportunidades de labor para aqueles que assim o desejam. Uma cidade espiritual que já solucionou suas questões de transporte, sendo quase todo ele coletivo; exemplo que ainda estamos bem distantes de imitar. Cinco elementos do núcleo familial revelam-nos uma condição espiritual positiva, estando aqui reencarnados para serviço espiritual, oportunidade repleta de vantagens e possibilidades, devido à preparação prévia realizada no plano espiritual.

E os resgates, que podemos considerar como conquistas realizadas por intermédio de esforços, sacrifícios, renúncias... Por meio da manifestação de duas virtudes no presente do indicativo: Obediência, que é o consentimento da Razão; e da Resignação, que é o consentimento do coração. O que podemos considerar excelentes âncoras para que a trajetória existencial da equipe familial seja um sucesso individual e coletivo.

Joãozinho apresenta características diversas, saindo de uma região inferior, onde provavelmente, em comparação com Nosso Lar, nada há em comum a não ser um local onde se encontram Espíritos Imortais criados por Deus, que voluntariamente fazem parte de núcleos espirituais nos quais a propensão para o mal encontra terreno fértil para o seu desenvolvimento. Ali existe a negação do Divino existente em cada um de nós. Podemos sentir nele um Espírito contrariado com a encarnação.

Ao ser convidado para participar de Jesus no Lar, ele se fecha para o Evangelho no Coração. Apenas obedece passivamente, como quem cumpre uma ordem severamente contrariado. Revela a sua indisposição para digerir, pelo menos naquele momento, o doce mel do Evangelho no Coração, trazendo-o ainda ocupado por danosos sentimentos e pensamentos que ainda refletem seu estágio doloroso nas regiões espirituais, nas quais o Bem ainda não tem patrocínio.

As meninas aderem espontaneamente ao convite, que é uma solicitação, um estímulo prontamente e alegremente aceito pelas mentes e corações delas. Elas estão abertas e receptivas para Jesus no Lar. Para elas é um doce momento, nutritivo e prazeroso. Apresentam a disposição para digerir e assimilar os doces favos de mel que o Evangelho no Coração traz.

Leitor amigo! Como estamos aproveitando os Doces Favos de Mel que Jesus nos disponibiliza para incorporarmos em nossa existência? Estamos dando devolutivas à altura dos benefícios facilitadores por ele concedidos? O que significa cada dia na vida? Estamos sendo mais alegres e otimistas? Servimo-nos da âncora da Esperança com frequência? Estamos conseguindo fazer uma diferença para melhor? Até que ponto Jesus pode contar conosco?

As nossas realizações exteriores, segundo a ótica que a Doutrina Espírita nos propõe, nos qualificam apenas como seres esclarecidos, recém-saídos da obscuridade dos instintos, distantes da verdadeira civilização, cuja principal característica é predominância do Espírito sobre a matéria, ausência de vícios ou injustiças, privilégios ou vantagens, que não sejam alicerçados na meritocracia individual. Temos assim muitos pontos em comum com Joãozinho, pois em nossa esmagadora maioria somos Espíritos apenas esclarecidos.

E para que a Era do Espírito se concretize, é indispensável que pioneiros se disponham a patrociná-la desde o presente do indicativo, agindo com uma percepção mais rica sobre as realidades que superam tudo o que a tecnologia nos tem disponibilizado até agora. A tecnologia é apenas mais uma ferramenta para termos uma interatividade pessoal cada vez melhor. Onde haja o contato real, olho no olho, frente a frente, sentindo o outro. As relações acima da tecnologia, as relações interpessoais como foco primordial, e Isidoro Isabel e suas filhas representam aquela parcela da

Humanidade que corajosamente se lança na edificação da verdadeira Civilização Cristã, sob o patrocínio amoroso de Jesus no Lar, onde o Evangelho no Coração é uma âncora segura para o barco da nossa existência.

Ao estarmos reunidos sob o mesmo teto, normalmente somos Espíritos oriundos de regiões diferentes do ponto de vista espiritual. Tais diferenças se fazem sentir nos diferentes comportamentos apresentados. Diferenças estas educativas para todos os envolvidos, havendo a possibilidade de um intercâmbio positivo, desde que os elementos provindos das regiões inferiores se mostrem receptivos para os exemplos e esforços desenvolvidos pelos demais membros da equipagem familial.

Os Favos Doces de Mel que Jesus no Lar traz são por demais significativos para serem relegados a um segundo plano. Merecendo de nossa parte uma adesão integral, abrangendo o ato de trabalhar, usufruir do lazer, desfrutar da vida social... Como elemento vital para a nossa nutrição espiritual, uma vez por semana, pelo menos. Caso nos sintamos estimulados para ir além de uma vez semanalmente, sintamo-nos à vontade para termos, mais uma vez, tão nobre presença, representado por seus emissários, que virão compartilhar conosco os Doces Favos de Mel que o Evangelho no Coração traz para aqueles que resolvem trazer a sua luz para os seus olhos e Coração.

Em tempos tão focados no consumo irracional, como o que vivemos, Jesus no Lar é um hiato que abrimos para que os Doces Favos de Mel das relações efetivamente qualitativas sejam por nós assimilados, como um programa de vida, excelente para que façamos uma rigorosa dieta do mal, e um consumo liberado dos Favos Doces do Mel que o Bem disponibiliza espontaneamente.

Lentamente nos desvencilhamos dos travos amargos da tristeza, dos petardos do desânimo, dos achaques da depressão, das escuras nuvens da descrença, abrindo os portais da alegria, dando suporte ao bom ânimo abrindo-se para o sentido da vida, absorvendo os raios poderosos dos Favos de Mel do Amor.

É quando decidimos disponibilizar, no espaço de tempo das 24 horas de um dia da semana, o tempo que sintamos ser necessário e proveitoso para estarmos com Jesus no Favo de Mel do Lar. Para alguns, bastam ligeiros minutos com a atenção presa ao relógio, com a demonstração de ansiedade, para que a presença de Jesus, representado por seus embaixadores, se retire logo, pois a televisão necessita ser religada, quando poderíamos por mais algum tempo informalmente usufruir tão nutritivos e saborosos favos de Mel.

Compartilho com você, amigo leitor, a experiência que vivemos aqui em nosso Lar. No início, fazíamos o Jesus no Lar medrosamente, julgando que os Espíritos amigos ali presentes agiam como juízes severos, fiscalizadores de consciências; era uma reunião unidirecional, onde eu apenas falava e minha irmã e minha mãe ouviam passivamente. Eu o fazia com a voz impostada, mais parecendo discurso político, recheado de vazio e escasso de conteúdo. Não era uma reunião prazerosa. Pouco havia de Espiritualidade da minha parte. Eu sinto que era mais o "Paulo no Lar" do que "Jesus no Lar".

Mas, lentamente, o Evangelho foi formando uma colmeia, cujos Favos de Mel do Amor começaram a penetrar o solo da razão e do Coração. Fomos nos soltando, tornei-me mais flexível, o encontro passou a ser interativo, mais rico, pois passamos para a condição dinâmica de colocar sob a luz do Evangelho o nosso cotidiano.

Consequentemente, o encontro ficou mais colorido, vivo, vibrante, intenso, pró-ativo. E os resultados se revelaram tão saborosos que, no presente momento, consideramos que os temas abordados no encontro dominical representam os desafios com que lidaremos nas 168 horas da semana que se inicia. Hoje, continuo me esforçando para ser mais uma abelha na colmeia do Amor. Está sendo excelente!

•●•

Doces favos de mel

Os Favos Doces de Mel que Jesus no Lar traz são por demais significativos para serem relegados a um segundo plano. Merecendo de nossa parte uma adesão integral, como parte integrante do nosso existir, abrangendo o ato de trabalhar, usufruir do lazer, desfrutar da vida social...

SINERGIA EM AÇÃO

21

Faz-se necessária da nossa parte uma disposição existencial que supere a periferia da matéria. Ausente a disposição, fica grandemente comprometido qualquer PROJETO-PROCESSOS-PRODECIMENTOS que objetive a nossa promoção na Escala Espírita. Aspiramos coisas boas, mas, como é trabalhoso concretizá-las, acabamos adiando por tempo indeterminado a sua materialização. E vamos assim levando a existência no "banho-maria", dentro de um lentíssimo processo de realização, vivendo uma verdadeira letargia na escola da elevação do Espírito.

É lógico que tal processo é transitório; um intervalo que dura desde a nossa presente condição espiritual evolutiva deficitária, até que atinjamos as condições mínimas para a próxima fase, que se revela promissora e rica de recompensas, trazendo para o presente do indicativo elementos que hoje parecem utopias. Somos especialistas desinteligentes na criação de atalhos. Em vez de encurtarmos as distâncias situacionais, aplicando a Lei de Deus escrita em nossa Consciência, acabamos criando prolongamentos confusionais, ao seguirmos as nossas crenças ainda repletas de imaturidade.

Elas produzem embaraços, dificuldades, problemas, empecilhos e estorvos; consequência natural da aplicação da lei do menor esforço, onde esperamos um retorno excepcional dentro do equivocado mecanismo de querer realizar conquistas verdadeiras, por intermédio preguiçoterapia. Queremos realizações e recompensas, mas sem a contraparte de esforço e perseverança, determinação e capacidade de recomeçar. Receber os louros da vitória, sem que se faça presente o seu equivalente no suor da exemplificação.

Libertarmo-nos de tais equívocos pode representar o nosso primeiro passo rumo a dias existenciais mais felizes e plenos de valores como alegria, otimismo, bom-humor, bom ânimo, motivação, etc. Entre o berço e o túmulo, temos sempre a extraordinária situação oportuna para darmos passos seguros, seja na condição de um ser vinculado pelo corpo com a matéria, como também a nossa condição maior, que é a de um Espírito imortal.

Em nossa esmagadora maioria, ainda nos sentimos apenas confortáveis na periferia da vida material, limitando o nosso raio de ação ao perímetro tridimensional: altura, largura e comprimento. Elementos que não podem ser desconsiderados, mas representam apenas o contorno do Centro primordial: O Espírito. Equivocados, acabamos focando com bastante interesse o acessório, que é o estágio carnal, que é coadjuvante, condição na qual ajuda, dá suporte, concorre para um fim nobre: A Evolução do Espírito Imperecível.

Como fazemos uma verdadeira inversão de ordem, de direção, de condição e prioridade, acabamos nos conservando nas reencarnações de baixo teor espiritual-evolutivo, tendo como efeito natural o esbanjamento das maravilhosas concessões que nos são concedidas pela Divina Paciência. É natural que um dia chegaremos à condição ideal estabelecida pelas Leis Divinas. Afinal, elas se cumprirão integralmente; não como fruto da imposição, violência, intimação, mas sim por meio do entendimento, da aceitação e adesão espontânea.

O que precisamos considerar é que, em função dessa má vontade evolutiva, sofremos as consequências decorrentes das nossas posturas antipositivas, antiboa-vontade, antiespontaneidade, antiaceitação da nossa responsabilidade pessoal, que é exclusivamente nossa; o usufruto da vida material, que é um empréstimo que o Criador nos disponibiliza, como meio e não fim. Ao agirmos como se ele fosse um fim em si mesmo, nos atiramos sofregamente ao "ter" inconsequente, que acaba centralizando os nossos interesses e motivações, tendo como efeito existências nas quais as nossas tendências, ficam centralizadas no cultivo dos instintos e sensações, gozos e alienação.

A situação é mais séria do que supõe a nossa falha filosofia materialista enganadora. Limitada por sua percepção empobrecida sobre a vida e o Ser Humano, acaba fazendo da maioria de nós verdadeiros míopes existenciais, onde enxergamos todos os processos que nos envolvem pouco além de um palmo além do nariz; o que, do ponto de vista da Lei da Evolução, é quase nada.

Associada à miopia existencial, temos a catarata voluntária da ignorância, que cria ao redor de nós uma crosta de insensibilidade, pois nos reveste de rudeza relacional, grosseria afetiva, um forte patrocínio dos instintos, com poucas aberturas para sensibilidade, afetividade qualitativa, e o patrocínio do requinte do sentimento que é o **AMOR**.

Muitos poderão dizer: “mas nós temos tantas religiões, com algumas delas passando de bilhões de fiéis, com milhares de templos, rituais, regras, hierarquia sacerdotal, dogmas, fundamentos, não representarão elas o nosso capital espiritual mais elevado?”.

Raciocinemos! São elas conduzidas, dirigidas, coordenadas, orientadas e tendo participantes que, em sua grande maioria, são Espíritos que fazem parte da comunidade dos Espíritos Imperfeitos, situados na terceira ordem, que tem como **caracteres** gerais, como nos afirma *O Livro dos Espíritos* em sua questão 101: “Predominância da matéria sobre o Espírito. Propensão ao mal. Ignorância, orgulho, egoísmo e todas as más paixões consequentes. Têm a intuição de Deus, mas não o compreendem”.

Ressaltamos a palavra caracteres, que é o plural do vocábulo caráter, que significa qualidade inerente a uma pessoa, uma cidade, país, e planeta do ponto de vista do Espírito imortal. E que se traduzem por intermédio de um conjunto de traços particulares, apresentados na índole, natureza e temperamento e que, observados sob a ótica da realidade espiritual ora em curso, faz com que sejamos ainda qualificados como Espíritos Imperfeitos.

O conjunto de traços físicos, mentais, espirituais e psicológicos apresentados por nós, tanto individual como coletivamente, revelam condutas e concepções ainda bem primárias, bem distantes da sofisticação real que *O Evangelho segundo o Espiritismo* nos propõe em seu capítulo 17, item 3 – O Homem de Bem, que deve ser o nosso objetivo característico.

Infelizmente, em nossos dias, com a maioria dominada pelo materialismo utilitarista associado ao consumo descontrolado, o Homem de Bem ainda é, como diz o ditado popular, “mosca branca”. Mas poderemos desencadear um

PROJETO-PROCESSOS-PRODECIMENTOS de afirmação individual, onde, como uma célula salutar do organismo social, daremos início a uma revolução na qual o que conta não é a força da violência, mas sim o poder real da mão estendida.

Os sinais de força não serão as armas nucleares, os exércitos, os tanques de guerra, os aviões de guerra... Enfim, todos os artefatos bélicos (palavra de origem latina *arte factus*, que significa feito com arte, uma clara evidência, da arte a serviço da destruição). Mas podemos nos transformar em verdadeiros mestres na construção de artefatos sob um comando mental, emocional, espiritual, psicológico e espiritual, que canalize os nossos nobres Potenciais Divinos para realizações de qualidade e conteúdo que sejam a manifestação do nosso poder de seguir na direção das melhores escolhas.

Uma força que pode contribuir extraordinariamente para que passemos a ser agentes efetivos das matrizes qualitativas do Homem de Bem, é a Sinergia (palavra grega *synergia*, que significa cooperação, ajuda, unidade de trabalho). Sinergismo é a aplicação da Sinergia, seja em economia, química, informática, religião, cujo conceito fundamental é que, por meio de ações cooperativas e não concorrenciais, podemos obter resultados muito mais significativos do que com ações individuais e isoladas. Os fins justificam a aplicação de nobres e éticos meios. A presença da sinergia na relação patrões e colaboradores evitaria as greves, pois o consenso e o bom senso prevaleceriam, considerando o coletivo, sobre o individual.

Vejamos o exemplo de uma greve do metrô de São Paulo, na qual 10.000 colaboradores podem prejudicar uma população de quatro milhões e meio de pessoas. Uma minoria que, sem o uso da sinergia, pode gerar prejuízos materiais incalculáveis. Mas certamente os prejuízos maiores são os subjetivos, os abstratos, situações que não se viabilizaram para uma maioria que nada tem a ver com as suas reivindicações, pois pagam diariamente pela utilização do transporte.

A greve mais justa seria aquela em que, considerando o meu salário injusto, eu me recusasse a recebê-lo, pois não o mereço. Mas quem teria coragem de tomar tal atitude? Brincadeira à parte, fica a sugestão da aplicação da sinergia nas greves, significando cooperação, ajuda, unidade de trabalho onde o peso maior nas decisões seriam as lesões sociais, psicológicas, mentais, e espirituais, como consequências naturais das atitudes individuais e coletivas. Do ponto de vista espiritual deve gerar uma consequência, cuja causa é a intenção.

Jesus é o convite de Deus para fazermos greve contra os maus pensamentos, os sentimentos desequilibrados, as emoções afloradas, as atitudes irrefletidas, os comportamentos inconsequentes, os interesses pessoais acima dos coletivos. Você aceita o convite?

As células do nosso organismo atuam dentro do Sinergismo cooperativo para a nossa manutenção biológica, estando o comando reservado ao Espírito, que mantém uma comunidade celular organizada para servi-lo, enquanto ligado na matéria. Basta que prestemos atenção que, quando desencarnamos, inicia-se a decomposição, pois, ausente a força que as agrega, as células ficam sem um comando central que as coordene.

Podemos ter como exemplo o estímulo no Metrô de São Paulo, na direção do Sinergismo, onde mensagens procuram motivar seus milhões de usuários a valorizem os pequenos gestos que, multiplicados por milhões de pequenos gestos, farão na somatória final uma qualitativa diferença.

Jesus no Lar e o Evangelho no Coração são extraordinários elementos facilitadores para que nos tornemos seres sinergéticos em ação, onde surge uma interação familial mais consistente. Estendendo a sua área de abrangência para as nossas relações interpessoais na sociedade; propagando-se também em nossas relações espirituais, com a presença de amigos espirituais da melhor qualidade

Com toda certeza, Jesus no Lar é um ponto de mutação sinergético facilitador da nossa inserção social junto dos Bons Espíritos. Trazendo para nós uma natural expansão em nosso **PROJETO-PROCESSOS-PROCEDIMENTOS,** abrindo os nossos olhos para a nossa Imortalidade Pessoal; jamais cessaremos de existir, sentir, pensar e agir. Diante da Vida Universal, não existe posição neutra. Estabelecemos sinergia com as forças espirituais com as quais cultivamos sintonia e afinidade. Com Jesus no Lar, passamos a fazê-lo com um nível de consciência mais amplo e selecionando as forças que conosco permutarão em regime de sinergia em ação.

Como vimos no capítulo anterior, Isidoro, Isabel e suas três filhas estabelecem entre si um perfeito Sinergismo, uma alentadora notícia para todos nós que aspiramos condições espirituais mais enobrecidas. São seres humanos normais, sujeitos às condições existenciais, mas, arrimados em Sinergia com os Espíritos esforçados, elevam a sua casa à categoria de Lar.

Sim, amigo leitor, nós podemos tomá-los como uma bela fonte de estímulo sinergético com Jesus no Lar e o Evangelho no Coração!

•••

Sinergia em ação

Como vimos no capítulo anterior, Isidoro, Isabel e suas três filhas estabelecem entre si um perfeito Sinergismo, uma alentadora notícia para todos nós que aspiramos condições espirituais mais enobrecidas.

INALIENÁVEL COURAÇA...

22

Visamos, com a escrita desta obra, trazer para os leitores uma visão mais valorizadora do Evangelho no Lar. Para que ele seja mais do que uma reunião que fazemos apenas por tê-lo recebido como sugestão, orientação ou necessidade. Que ele tenha, de nossa parte, uma atenção toda especial, para que não se transforme apenas em mais um ritual repetitivo e sem a graça da espontaneidade e do prazer de estar com Jesus. Na medida em que nos mostremos dignos da Sinergia com a Espiritualidade Amiga, o Evangelho em nosso Lar vai tomando um significado espiritual cada vez mais abrangente, com os bastidores repletos de lances emocionantes, reencontros e encontros.

O Lar de Isidoro e Isabel, por sua ambiência espiritual favorável, graças à manutenção dos Doces Favos de Mel que trouxeram consigo da cidade espiritual de Nosso Lar, fazem dali um prolongamento da referida cidade. Ali temos um protótipo das futuras condições dos Lares. O tipo de ambiência que é facilitador da regeneração individual e coletiva. E aqui fica o convite para estarmos oferecendo a incubadora da nossa casa para que ela se transforme, pelo nosso empenho e dedicação, no ninho aconchegante de Jesus no Lar doce Lar, uma colmeia para abelhas espirituais encarnadas e desencarnadas.

Mesmo com o nosso deficiente aproveitamento, o Evangelho no Lar, por sua nobreza e inserido no contexto da nossa evolução, é um poderoso ferramental para a nossa atualização evolutiva. Trazemos conosco inclinações para a valorização dos aspectos da superficialidade, das aparências, da manutenção do poder e, principalmente, o interesse pessoal em primeiro lugar, havendo urgente necessidade de ampliarmos o espaço para a espiritualidade, para a espiritualização do Ser, ações dentro de perspectivas que superem os limitados círculos da matéria.

As religiões ainda não são escolas para a espiritualização do Espírito imortal, mas sim verdadeiros colegiados de infantilização espiritual, que por enquanto deixam muito a desejar. Mas elas nada mais são do que o reflexo de nós mesmos. Afinal, somos nós que as abastecemos, tanto como fiéis como condutores. Jesus no Lar é um contraponto sem contraindicações, para que nos tornemos autônomos do ponto de vista da nossa Imortalidade Pessoal, onde o autogoverno existente, em sintonia com a Lei de Deus grafada em nossa Consciência, fortalece as nossas decisões e escolhas dentro de um padrão de qualidade aliado ao Evangelho no Coração.

Temos que levar em consideração outras nuances da realidade espiritual que nos envolve, que nos é descortinada pela mediunidade missionária de Chico Xavier, por intermédio das elucidações que André Luiz nos presenteia no livro *Os Mensageiros*, em seu capítulo 37, e que merecem a nossa carinhosa atenção:

"A essa altura do esclarecimento, notei que formas sombrias, algumas monstruosas, se arrastavam na rua, à procura de abrigo conveniente. Reparei, com espanto, que muitas tomavam a nossa direção, para, depois de alguns passos, recuarem amedrontadas. Provocavam assombro. Muitas pareciam verdadeiros animais perambulando na via pública. Confesso que insopitável receio me invadira o coração.

Calmo, como sempre, Aniceto nos tranquilizou:

— Não temam – disse. — Sempre que ameaça tempestade, os seres vagabundos da sombra se movimentam procurando asilo. São os ignorantes que vagueiam nas ruas, escravizados às sensações mais fortes dos sentidos físicos. Encontram-se ainda colados às expressões mais baixas da experiência terrestre e os aguaceiros os incomodam tanto quanto ao homem comum, distante do lar. Buscam, de preferência, as casas de diversão noturna, onde a ociosidade encontra válvula nas dissipações. Quando isto não se lhes torna acessível, penetram as residências abertas, considerando que, para eles, a matéria do plano ainda apresenta a mesma densidade característica."

Temos aqui uma descrição sobre os habitantes desencarnados que, ainda escravizados por instintos e sensações, sentem-se como se encarnados fossem, pois ao pressentirem a chuva que se avinha, buscam lugares para a sua proteção. Locais de acordo com as suas necessidades e desejos, com companhias afins; sejam vestidas ou desvestidas do corpo carnal. E trazem seus corpos espirituais com severas deformações. Um detalhe interessante: assim como nós, eles necessitam de que as portas estejam abertas, ou então que alguém lhes abra, facilitando o seu acesso, que se dá pela lei dos afins que se atraem.

Temos neste relato uma constatação dos tristes quadros que estão presentes na realidade astral que se encontra em torno de nós, nos sensibilizando a mente e o coração, pois quem os constroem um dia também envergou um corpo carnal e, quem sabe, até conviveram conosco e fizeram parte da nossa família. É uma questão que merece a nossa atenção e ponderação sobre a necessidade de aprimorarmos o padrão dos nossos gostos e prazeres, elegendo ambiências nas quais poderíamos adentrar tranquilamente na companhia de Jesus. Dizemos isto sem falso moralismo ou puritanismo ilusório. Mas como uma constatação da realidade.

Há ambientes que podem ser sofisticados do ponto de vista material, com tudo impecável, público selecionado, pessoas bem vestidas, farto consumo de drogas licitas e ilícitas, parrudos seguranças, condições que não são impeditivas para que tais comensais e compartilhadores usufruam o que tal ambiente disponibiliza, podendo surgir processos obsessivos de longo curso. Como a morte não é o ponto final, como a nossa ignorância nos sugere, temos toda uma população extrafísica, composta de bilhões de Espíritos que disputam a existência aqui na Crosta. Um dia, eles já estagiaram por aqui, mas devem não ter convidado Jesus no Lar, passando bem distante do seu Evangelho no Coração. Consideremos tal realidade. Esta é uma face da moeda.

Continuemos acompanhando André Luiz:

"E, demonstrando interesse em valorizar a lição do minuto, acrescentou:

— Observem como se inclinam para cá, fugindo, em seguida espantados e inquietos. Estamos colhendo mais um ensinamento sobre os efeitos da prece. Nunca poderemos enumerar todos os benefícios da oração. Toda vez que se ora num lar, prepara-se a melhoria do ambiente doméstico. Cada prece do coração constitui emissão eletromagnética de relativo poder. Por isso mesmo, o culto familiar do Evangelho não é tão só um curso de iluminação interior, mas também processo avançado de defesa exterior, pelas claridades espirituais que acende em torno. O homem que ora traz consigo inalienável Couraça. O lar que cultiva a prece transforma-se em fortaleza, compreenderam? As entidades da sombra experimentam choques de vulto, em contato com as vibrações luminosas deste santuário doméstico, e é por isso que se mantêm a distância, procurando outros rumos."

Aniceto, instrutor de André Luiz e Hilário, aqui nos descreve uma situação diversa da anterior, onde podemos identificar o quanto os nossos esforços na concretização sincera da nossa espiritualização são compensadores e rentáveis desde agora. Não são promessas; são realidades. Não são fantasias; são verdades. Pontuarmos os aspectos positivos é um impositivo da evolução. Naquela ambiência singela não existe um aparato de segurança, mas ali encontramos ativa, em suas causas e efeitos, a Inalienável Couraça da prece, da oração.

Inalienável é a condição daquilo que não pode ser subtraído, retirado, tomado, sendo intransferível, não estando sujeito a qualquer poder exterior. Sua portabilidade é pessoal. Fruto das conquistas do Espírito. E a Couraça oferece a condição de defesa, proteção, preservação, conservação, a verdadeira legítima defesa, segurança. Mas nesta situação é infinitamente superior a um colete à prova de bala, pois se revela à prova de ignorância, de maldade, e a favor do Bem, do Amor, do Acolhimento.

Jesus é a Couraça Inalienável no Lar. Assim, além de um avançado curso de longo prazo em nossa espiritualização, é o mais eficiente mecanismo que podemos mobilizar para a defesa externa do nosso Lar. Podemos deduzir que Jesus Couraça Inalienável no Lar faz com que as luminosidades irradiadas na ambiência do Lar saiam dos seus limites físicos e se façam visíveis ou sensíveis para aqueles desencarnados que dali se aproximam, dependendo sempre da intenção envolvida em tal aproximação.

Observemos que as vibrações a partir do Lar com Jesus são tão poderosas, que traçam fronteiras energéticas, que são reais e sensíveis para os desencarnados, que ainda não possuem nobres intenções. O Lar de Isidoro e Isabel é uma Fortaleza Espiritual. A Fortaleza é tão importante que, na ética, é uma das quatro virtudes cardiais: Prudência, Justiça, Fortaleza e Temperança. Fez-se Fortaleza pela resistência moral dos seus moradores. Por sua capacidade de superação das experiências desafio, convertendo-as em experiências aprendizado. Existe a firmeza de propósito. Desenvolve-se a capacidade constante de lidar com as dificuldades com bom humor e alegria.

Os próprios Espíritos se autosselecionam, sentindo as emanações das preces ali realizadas. **CADA PRECE DO CORAÇÃO**, não valendo, portanto, prece da boca para fora; prece que não passa do céu da boca; prece ladainha repetitiva; prece que não traduz o que se sente e pensa; prece que é apenas um conjunto de palavras destituídas de inteligência ou coerência. Uma repetição automática, sem emissão de sensibilidade ou comoção. Essas preces não são aquelas que fazem da nossa casa a morada de Jesus no Lar. Consequentemente, não se constituindo em Couraça Inalienável. Tampouco se constituindo numa Fortaleza do Evangelho no Coração. Assim sendo, amigo leitor, como é importante que consideremos os aspectos extrafísicos de que fazemos parte! Somos agentes ativos nos processos da Criação. Não existindo, reiteramos, agentes menos importante ou quem possa viver, sentir, pensar e agir como elemento neutro.

É impossível que não geremos causas e efeitos; escolhas e resultados; deliberações e consequências; opções e sistemáticas repercussões, plantio e colheita. Temos aqui a evidência clara de que existe a liberdade da semeadura, mas a consequente vinculação com a respectiva colheita, no tempo, por meio da multiplicidade das encarnações; e no espaço, nas diversas moradas planetárias existentes no universo.

Jesus no Lar nos assegura o revestimento interior qualitativo da **COURAÇA INALIENÁVEL**, da oração radiante, oração mais poderosa que uma bomba nuclear, fundamento de uma Fortaleza Espiritual no Lar. E tem como ótimo efeito colateral afugentar aqueles que ainda não sejam bem-intencionados.

Logicamente não podemos descuidar da proteção externa do nosso Lar, com equipamentos que nos deem maior segurança, mas sejamos prudentes, pois como a morte não é realmente um ponto final, recebamos semanalmente os Embaixadores de Jesus em nosso Lar, ativando a Couraça Inalienável da Oração do Sentimento, para que sejamos na sociedade um portador confiável do Evangelho no Coração.

•●•

Couraça Inalienável

Inalienável é a condição daquilo que não pode ser subtraído, retirado, tomado, sendo, portanto, intransferível, não estando sujeito a qualquer poder exterior. Sua portabilidade é pessoal. Fruto das conquistas do Espírito.

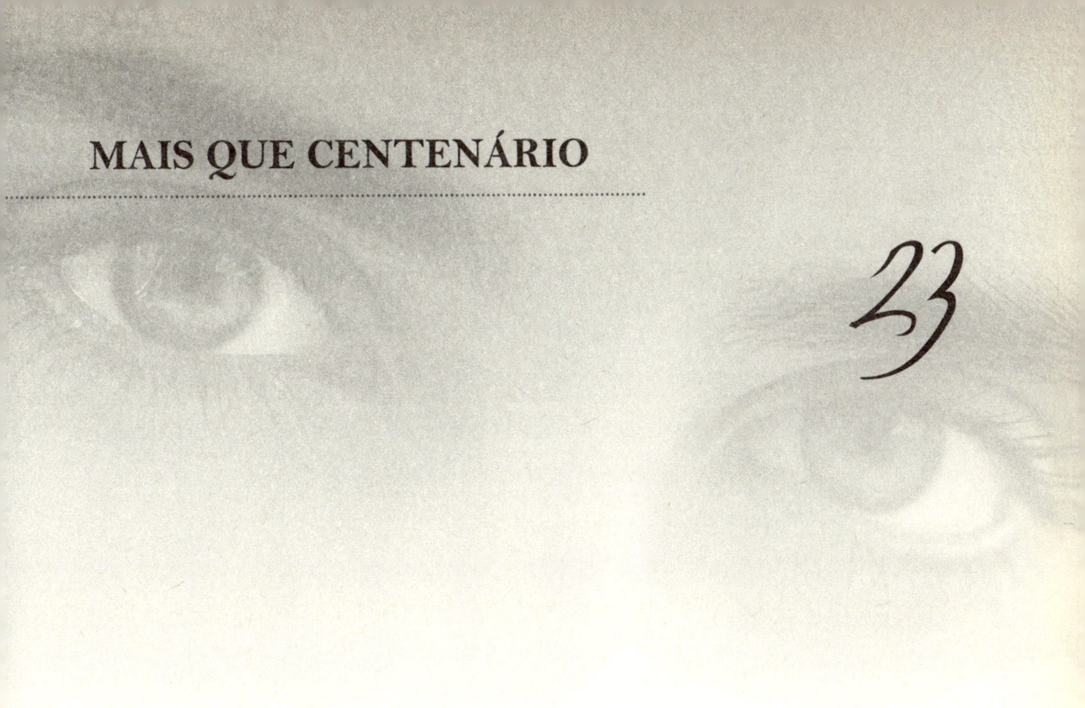

MAIS QUE CENTENÁRIO

23

Nossa intenção, com a elaboração desta obra, é dar uma pequena, mas sincera contribuição para que a nossa percepção e visão a respeito do Evangelho no Lar sofram um acréscimo de qualidade, evitando assim que entremos muitas vezes em uma rotina que vai progressivamente deteriorando o nosso entusiasmo. Sem que identifiquemos, seguimos ladeira abaixo em termos de motivação, e acabamos dominados pela normose (termo que foi forjado por Jean Yves Leloup, na França, e por Roberto Crema, no Brasil). A NORMOSE pode ser definida como o conjunto de normas, conceitos, valores, estereótipos, hábitos de pensar ou agir, que são aprovados por consenso ou pela maioria, em uma determinada sociedade. Isso provoca sofrimento existencial, gerando doentes e morte dos sonhos e ideais, indiferença e ações robóticas.

O filme *Tempos Modernos*, de autoria de Charles Chaplin, lançado em 1936, é um exemplo clássico da normose. Ele nos mostra um operário que não se adapta ao sistema social, no qual a produção é mais importante do que o indivíduo; uma clara amostra da enganosa inversão de valores, cuja face mais evidente é a sociedade de consumo materialista utilitarista.

E o nosso Evangelho no Lar, na medida em que Jesus não esteja no Lar, sofre os efeitos danosos da normose quando:

- Entra em rotina torturante.
- O realizamos com reunião religiosa estática e não espiritual dinâmica.
- Há desmotivação para a sua realização em clima de espontaneidade.
- Há inquietação dos participantes durante a reunião.
- Há dispersão mental emocional e espiritual, com pobres participações em nível de comentários qualitativos.
- A participação se dá dentro da obrigatoriedade.
- Os parcos minutos investidos se dão sob o comando da pressa.
- Ao abrirmos o Evangelho ou outros livros complementares, reclamamos sobre temas que se repetem, dizendo que o Evangelho está viciado, necessitando ser trocado.
- Ficamos limitados ao lugar comum; pouco abertos à inspiração.
- Adiamos Jesus no Lar por motivos fúteis.
- Esquecemos de convidar Jesus para o nosso Lar.
- Há o afrouxamento da vontade de convidá-lo, conforme passam os meses e os anos... Passando semanas sem abrir a porta para ele entrar.
- Alternamos semana sim; semana não.

- A reunião vai ficando morna, para não dizer "morta".
- Mais parece um velório, cheia de formalidades.
- Há uma espiritualização quase inexistente.
- Há pouca motivação para trocas enriquecedoras.
- Existe verdadeira desrelação com Jesus.

Infelizmente, quando deixamos que o cupim do desânimo vá lentamente corroendo as estruturas do nosso desejo, da nossa vontade, da motivação e do nosso prazer de acolher Jesus no Lar, dentro de algum tempo estão instaladas as condições para a desistência e a falta de vontade. Depois, má vontade e indisposição. Para que possamos patrocinar uma tarefa de longo prazo, tanto na encarnação como na Vida Espiritual, é fundamental que a nossa sensibilidade se amplie na direção do longo prazo da nossa Imortalidade Pessoal.

No Jornal *O Estado do Triângulo – Sacramento*, de 12 de abril de 2013, tivemos uma entrevista com Heigorina Cunha (1923-2013), que dá continuidade ao Evangelho no Lar, iniciado por Eurípedes Barsanulfo, e que foi elevado à condição de Evangelho Universal no Lar sob a orientação amiga de Chico Xavier. Acompanhemos alguns trechos da entrevista:

"ET – Para o Quartinho de Eurípedes foi também transferido o Culto das Nove, dirigido por Heigorina, até hoje. Quando tudo começou?

Heigorina – Os cultos começaram com tio Eurípedes, em 1904, lá em Santa Maria. Tio Eurípedes tinha ido ter com Sinhô Mariano e ali se tornou espírita. Seu pai, vovô Mogico, não aceitou. Tio Eurípedes foi então morar em uma casinha, onde é hoje o Colégio Allan Kardec. Vovô Mogico lhe dera um prazo para pensar e decidir. Tio Eurípedes lá ficou, realizando o culto, época em que construiu o Colégio, inaugurado em 1907, e prosseguiu na Doutrina. Mais tarde, tio Eurípedes voltou para o seu lar e toda a família abraçou a sua causa.

Quando tio Eurípedes faleceu, em 1918, Vó Meca, que já se tornara espírita, continuou a realizá-lo em sua casa, na Casa Mogico. Todos nós nos reuníamos lá, aos domingos, para o culto, mas a mamãe fazia o culto em casa também, aqui na Chácara. Com a morte de Vó Meca, em 1952, mamãe, que sempre estivera ao lado de tio Eurípedes nos trabalhos, continuou sua obra. Assumiu o culto e passou a realizá-lo na sala de nossa casa, aqui na Chácara Triângulo, sempre aos domingos, reunindo toda a família.

ET – Quando você passou a dirigir o culto, Heigorina?

Heigorina – Quando a mamãe faleceu, em 1961, o papai falou que eu e Nizinha seríamos as responsáveis pelo culto, que continuou em nossa casa. Com o falecimento de papai, no ano de 1971, e como a participação de pessoas vinha sempre crescendo, achamos que não deveria ser realizado mais na sala de casa. Mas ficamos em dúvida, e fomos nos aconselhar com Chico Xavier, que nos apoiou dizendo o seguinte: "O culto agora é universal, leve-o para o Quartinho de Eurípedes".

ET – E, desde então, o Culto das Nove tem trazido a Sacramento milhares de peregrinos. Qual a motivação que atrai todo esse contingente de turistas a cada domingo a Sacramento? Vem de Heigorina?

Heigorina – Não. Todos que por aqui aportam é por causa do tio Eurípedes. Ele é o servo de Jesus e quem serve prossegue... O seu trabalho é universal. Os caravaneiros se emocionam com o Culto do Evangelho, sentem as vibrações de paz dos Benfeitores Espirituais, de nossa gente, de nossa querida Sacramento.

ET – Que lição você tira de tudo isso? No alto de seus belos 90 anos de vida, olhando para trás...

Heigorina – Eu diria que a vida é muito bela. Foi uma vida de convivências com muitas pessoas, das pessoas mais queridas e mais próximas a partir de papai e mamãe, aos irmãos, personalidades, artistas, políticos e gente muito importante passando pela minha vida. Sempre tive amizade com todos, independentemente de credos religiosos. Os padres do Seminário, Pe. Gil, o primeiro a viver essa amizade. Havia tanto respeito entre todos nós. O importante é a caridade, não é mesmo? Tive e tenho grandes amigos de várias partes do país. Recebi muitas homenagens, embora eu ache que não as mereça. Enfim, minha vida foi de um aprendizado sem fim, na vida real e na vida espiritual.

ET – Da menina que amanheceu um dia com a febre da poliomielite à menina que começou costurando roupinhas, à jovem que fazia massagens às crianças, à construtora de um hospital aos portadores de deficiência, à mulher mais caridosa de Sacramento... Todos nos orgulhamos e agradecemos muito pelo seu trabalho. Não poderíamos chamá-la de nossa 'Madre Tereza de Sacramento'?

Heigorina – Não. Madre Tereza é uma estrela de Amor. Agradeço o carinho que vocês têm para comigo. Vou me esforçar, Walmor, para ser a 'tia Heigorina' de meus conterrâneos. Muito obrigada."

Temos aqui um verdadeiro Antídoto para que o cupim do desânimo não corroa o nosso patrocínio de Jesus no Lar e o Evangelho no Coração! Um Jesus no Lar que já passa dos 110 anos! Mostra-nos que é um compromisso e que, caso queiramos, não tem prazo para terminar. Afinal, é uma contribuição subjetiva para que o nosso compromisso, que é uma promessa, torne-se um vigoroso comprometimento da Consciência.

Sem interrupção, sem falha, com sol ou com chuva, sozinho ou acompanhado, com motivação, alegria, espontaneidade, sinceridade, felicidade pelo compartilhar; uma verdadeira ponte de luz que parte do século vinte, prosseguindo no terceiro milênio. Um exemplo da melhor qualidade para que desenvolvamos um estado de consciência pró-ativo, aberto, entusiasta, receptivo para novas abordagens. Sensível para expandir sempre o conteúdo das interpretações por meio da contextualização.

Contextualizar significa que podemos analisar, entender, interpretar com Jesus no Lar e o Evangelho no Coração, sob a riqueza de fatos e acontecimentos; situações e circunstâncias que fazem parte da nossa sociedade, família e amigos, mas primordialmente das nossas ricas existências. Focamos a nossa sociedade sob a ótica do Espírito Imortal. As possibilidades variam ao infinito. Passamos de expectadores passivos para protagonistas pró-ativos de fatos e acontecimentos.

Enriquecemo-nos de formosuras do Espírito, e o nosso Jesus no lar e o Evangelho no Coração, facilita para que amemos a academia que é o Lar, na qual somos alunos nas matérias mais variadas, onde dispomos dos verdadeiros mestres que são os nossos familiares. Esses, cotidianamente nos testam nas mais diversas matérias, com reencontros nos quais os vínculos são as algemas aversivas relacionais a pedirem transformação.

Estaremos dispostos, até o fim da presente encarnação, a patrocinar Jesus ser bem-vindo ao nosso Lar, e o Evangelho, agasalhado nas dobras do nosso Coração, favorecendo a germinação do Evangelho Universal? Estaremos dispostos a carregar esse estandarte de Amor, de Luz, no mundo espiritual, dando prosseguimento à tarefa aqui iniciada, formando um núcleo do Evangelho Universal? Jesus na intimidade do nosso Lar e o Evangelho grafado em nossa Consciência fazem parte do nosso projeto existencial?

Como transformar tais algemas em laços suaves? Como reverter conceitos negativos, ligados ao passado menos feliz? Quais caminhos pavimentar para o devido reajuste sob o comando da âncora da Esperança? Por quais meandros devemos caminhar rumo à consolidação dos laços afetivos do carinho, onde a fórmula das relações são nutritivas e vitaminadas?

Temos aqui, com Jesus no Lar e o Evangelho no Coração, a resposta Divina para as questões levantadas acima, remédios para relações doentes; caminhos pavimentadores das melhores escolhas; pontos facilitadores dos verdadeiros laços afetivos; fórmula que estimula relações da mais duradoura qualidade e que podem ser para as nossas almas um ponto de inspiração e autoincentivo, onde exista uma expansão constante para o prazer de viver, existir e conviver, uma porta que se abra para Jesus e para todos aqueles que ele convide para adentrar consigo. Eles são os portais do Evangelho Universal sem fronteiras, sem barreiras, sem medos, sem limites...

●●●

Mais que centenário

Contextualizar significa que podemos analisar, entender, interpretar com Jesus no Lar e o Evangelho no Coração, sob a riqueza de fatos e acontecimentos; situações e circunstâncias que fazem parte da nossa sociedade, família e amigos, mas primordialmente das nossas ricas existências.

EDUCAÇÃO NO LAR

24

A mundividência, sob a luz do espiritismo, abre-nos perspectivas enriquecedoras e promissoras sobre o destino da parcela da Humanidade na qual estamos inseridos. Ela dá sentido para a existência de todos nós. Sem exclusão de quem quer que seja, mesmo, aqueles que consideremos indignos do benefício da Misericórdia Celeste.

Na Mundivisão Espírita, ingredientes como Imortalidade Pessoal; Vidas Sucessivas; Intercâmbio das posições sociais; Experiências nos diversos continentes; Estágios nas diversas etnias e raças; aprendizados ora na condição feminina, ora na condição masculina; vivências tanto na zona urbana, como nos grandes aglomerados urbanos; aprendendo a sentir Deus nos diversos coloridos religiosos; beneficiando-nos da filosofia, onde vamos construindo a nossa maneira de pensar, refletir entender, compreender e aceitar; e a Ciência e Tecnologia que, associadas, trazem benefícios incalculáveis.

São elementos que possuem a condição de facilitadores do desenvolvimento de um Estado de Consciência Desperta, no qual descobrimos que cada individualidade presente neste Planeta, tem um objetivo encarnatório pessoal e intransferível, **que é a realização da sua parte na obra da Criação.**

Ora estamos na realidade do Mundo Espiritual; ora estamos, como agora, encarnados, envergando a roupagem material. Condição da mais alta relevância e importância, pois está inserida em um contexto muito mais amplo e rico do que podem supor as nossas limitadas deduções e conclusões, ainda restritas quase que exclusivamente ao materialismo utilitarista, que prioriza os efeitos, com avanços ainda tímidos no campo das causas.

O meu desejo é contribuir para que possamos adentrar o campo das causas, conscientemente; usando o farto arsenal que nos é disponibilizado pela Doutrina Espírita, para que saiamos das cavernas da ignorância e da brutalidade; dos instintos e sensações, e adentremos o Reino da Luz, que nos proporciona a sabedoria e a sensibilidade; as emoções e os sentimentos. Assim como estou sendo beneficiado por tal processo, nada mais justo do que compartilhá-lo com aqueles que se disponham a ler estas páginas. Estou me dedicando a modificar para melhor o cardápio existencial, selecionado os ingredientes que sejam mais compatíveis com a Era do Espírito imortal, que surge no Horizonte da nossa pequena, porém importante parcela da Humanidade.

Nossa condição momentânea é a de Espíritos com sérios comprometimentos perante as Leis Divinas. Consequentemente, tais situações se deram nas relações interpessoais deficientes e negativas, onde, em função de tais escolhas, surgem resultados indesejáveis, que no tempo (vidas sucessivas) e no espaço (seja como encarnado ou desencarnado, nos diversos Planetas existentes), se manifestam nas inimizades e aversões; hostilidades e malquerenças; ódios e ressentimentos; repugnâncias e repulsões; antipatias e rancores; agressividades e violências... E cujos efeitos perduram pelo tempo que os patrocinadores de tais posições existenciais assim o desejarem e que podem variar de pequenos períodos, até por milênios.

O Lar é, sem sombra de dúvidas, o cadinho purificador dos sentimentos e das emoções, pensamentos e ideias, atitudes e comportamentos acima relatados. Eles dão estados doentios e desequilibrados do Espírito, necessitando de uma ambiência que favoreça a metamorfose, ou seja, a mudança da forma exterior (reencarnações), associada à metamorfose do conteúdo íntimo do Ser Imortal, pelo desenvolvimento de um novo Estado de Consciência Desperta.

Em assim sendo, o Lar, do ponto de vista espiritual, pode ser considerado um ponto de encontro de Espíritos em condições evolutivas diferentes entre si, em sua esmagadora maioria ligados ainda por algemas aversivas, na condição de verdadeiros forçados existenciais, que se traduzem em desrelações de ambiência relacional, formando assim um bioma relacional ecologicamente instável, sujeito a bruscas alterações comportamentais, que geram ácidas chuvas de lágrimas, de dor e revolta, poluindo profundamente a psicosfera coletiva.

Sob o véu de uma inocência, que se localiza na periferia das aparências – quando dizemos que os recém-natos são "anjinhos" ou "anjos de candura", "fofuras", inocentes e ingênuos –, encontramos Espíritos que, com raras exceções, estagiam transitoriamente na Terceira Ordem dos Espíritos Imperfeitos, que se subdividem nas classes dos Espíritos Impuros; Espíritos Levianos; Espíritos Pseudo-sábios; Espíritos neutros e Espíritos batedores.

Todos nós já fomos aqui recebidos sob a singela visão enganadora de um nascituro, cujo conteúdo verdadeiro é aquele por nós expressado em nosso cotidiano. E podemos fazer uma avaliação sobre o nosso verdadeiro padrão de qualidade. Daí a causa de sermos, do ponto de vista da Categoria dos Mundos Habitados, um Planeta passageiramente, efemeramente e momentaneamente de Provas e Expiações, que acolhe Espíritos com características que devem chamar a nossa atenção: Espíritos rebeldes para com as Leis Divinas.

Na Mundivisão Otimista Espírita, estamos dando os primeiros passos rumo à Segunda Ordem: a dos Bons Espíritos, que são Espíritos Benévolos; Espíritos Sábios; Espíritos Prudentes e Espíritos Superiores. Ainda não estamos lá, mas representa um futuro inevitável, dentro do que nos propõe a Lei do Progresso.

Quero aqui lembrar que, tanto na Terceira como na Segunda Ordem, as características mentais e emocionais, psicológicas e espirituais, físicas e comportamentais dos seus componentes variam ao infinito, não havendo condições pré-fixadas sobre o jeito de ser de cada um. Por exemplo, a Quarta Classe, a dos Espíritos Sábios, acomoda bilhões de Espíritos, com bilhões de características peculiares a cada um. Não existe, portanto, uma uniformidade monótona e entediante.

Constante é a presença do Lar como um ponto de convergência para a consolidação dos valores do Espírito imortal; seja para expiações, provas, missões, tarefas individuais e coletivas; regeneração de consciências rebeldes ou solidificação de famílias espirituais, que são unidas, antes, durante e depois das reencarnações. Além de expandirmos progressivamente o nosso círculo relacional afetivo, na direção do **Amor Universal.**

O livro *Caminho Verdade e Vida*, ditado pelo Espírito Emmanuel, ao médium Chico Xavier, em seu Capítulo 12, "Educação no Lar", nos traz um alerta que merece uma reflexão acurada, feita com carinho, com cuidado, sem pressa ou precipitação:

"Vós fazeis o que também vistes junto de vosso pai." – Jesus. – (João, capítulo 8, versículo 38).

"Preconiza-se, na atualidade do mundo, uma educação pela liberdade plena dos instintos do homem, olvidando-se, pouco a pouco, os antigos ensinamentos quanto à formação do caráter no lar; a coletividade, porém, cedo ou tarde, será compelida a reajustar seus propósitos.

Os pais humanos têm de ser os primeiros mentores da criatura. De sua missão amorosa decorre a organização do ambiente justo. Meios corrompidos significam maus pais entre os que, a peso de longos sacrifícios, conseguem manter, na invigilância coletiva, a segurança possível contra a desordem ameaçadora.

A tarefa doméstica nunca será uma válvula para gozos improdutivos, porque constitui trabalho e cooperação com Deus. O homem ou a mulher, que desejam ao mesmo tempo serem pais e gozadores da vida terrestre, estão cegos, e terminarão seus loucos esforços, espiritualmente falando, na vala comum da inutilidade.

Debalde se improvisarão sociólogos para substituir a educação no lar por sucedâneos abstrusos que envenenam a alma. Só um Espírito que haja compreendido a paternidade de Deus, acima de tudo, consegue escapar à lei pela qual os filhos sempre imitarão os pais, ainda quando estes sejam perversos.

Ouçamos a palavra do Cristo e, se tendes filhos na Terra, guardai a declaração do Mestre, como advertência."

Emmanuel faz uso de uma linguagem clara, objetiva, concreta, transparente, sobre a base fundamental que é a Educação no Lar. Palavra de origem latina *educare* ou *educere*. Seu significado é fazer sair, extrair, levar para fora, sair de dentro, vir à tona. O que podemos deduzir é que, apesar de nos dias de hoje vivermos um processo de terceirização da Educação no Lar, onde pai e mãe, sob o duvidoso manto da irresponsabilidade paternal e maternal, adiam realizações sublimes, individuais e coletivas, tal escolha adia apenas por algum tempo a concretização da Educação no Lar; a Educação na intimidade do Lar. A Educação é parte da vida íntima familial; a Educação é o mais avançado processo de familiaridade individual e coletiva.

Quero deixar bem claro que não desejo generalizar a terceirização, pois temos uma quantidade significativa de pais e mães que colocam o manto da responsabilidade compartilhada, dão o pontapé inicial das realizações sublimes de como é proveitoso a introdução da Educação no Lar desde o presente do indicativo! Mas a maioria ainda se encontra distante de tal conquista.

Emmanuel ditou esta obra para Chico Xavier em 1948, portanto há mais de 65 anos, em um Brasil rural, pouco urbano. Sua visão profética parece ter sido feita "ontem", tão grande é a sua atualidade. Confesso que ao reler esta mensagem fiquei impactado, pois senti que tenho de me aplicar mais para colocar-me em dia com as profundas propostas com que Emmanuel nos contempla. Tal tarefa, portanto, é um atributo intransferível do Lar.

E nada mais sábio do que convidarmos o Maior Educador de todos os Tempos, para que venha comungar conosco pelo menos uma vez por semana, pois, com Jesus no Lar, vamos gravando o seu Evangelho no Coração; tanto pais como filhos; tanto filhos como pais, considerando ainda os agregados como avós, avôs, netos e netas; cada um representando o seu momento, absorvendo da fonte mais pura o verdadeiro processo Educativo. Jesus no Lar é um excelente treinamento para lidar com as diferenças existentes no conviver social. Pode contribuir sobremaneira para entender, compreender, respeitar e aceitar a riqueza da diversidade comportamental

Nosso Jesus no Lar deve ser tão cativante, tão gostoso, tão espontâneo, tão motivador, que deixe de ser obrigatório para se tornar prazeroso, onde as crianças não sejam repreendidas, admoestadas; como se Jesus não tivesse alegria em compartilhar da sua garrulice, loquacidade, sua tagarelice. A participação das crianças no Jesus no Lar pede, da parte dos adultos, uma atenção toda especial, pois se deve levar em consideração a faixa etária, as características de cada idade, o que mobiliza a atenção e o que a dispersa. O que não podemos exigir é um comportamento adulto, atitudes para as quais as crianças ainda não apresentam condições.

Muitas pessoas tornam o encontro semanal com Jesus estressante, irritante, desprazeroso, desgastante, pois gritam com as crianças, fazem ameaças, o que, diga-se de passagem, é mais um antiJesus no Lar e também um antiEvangelho no Coração.

Uma amiga minha chamada Patrícia, de Brusque/SC, desenvolve um sistema que achei interessante. Estava eu passando uma semana em Brusque, em tarefas espirituais, quando em uma manhã ela me convidou:

— Paulo, tu não queres participar do Jesus no Lar, com o Miguel, meu filho mais velho?

Aceitei o convite, e ali fizemos um Jesus no Lar adaptado ao universo infantil, recheado de livros espíritas infantis, com abertura, comentários, vibrações e encerramento.

E sentimos presenças espirituais compartilhando conosco aquele momento. Achei uma iniciativa que merece ser compartilhada contigo, amigo leitor. Em assim agindo, passamos a ter Jesus no Lar duas vezes por semana, em dupla jornada de Educação no Lar, atendendo adultos e crianças. Esta solução pode ser utilizada até que as crianças se alfabetizem, e estejam em condições de interagir melhor com ideias abstratas.

Mas, independentemente do que for feito, quem cria um ambiente favorável, agradável são os adultos. São eles os agentes mobilizadores familiais. Na medida em que seu entusiasmo seja contagioso, a sinergia familiar se faz presente e os infantes compreenderão a grande importância da acolhida de Jesus na intimidade do Lar, e da propagação do Evangelho no Coração

Mais simplicidade, mais presença dos pais na vida dos filhos, menos consumismo, menos jornadas profissionais duplas ou triplas, nas quais podemos amealhar alguma coisa na linha horizontal do ter, mas podemos estar sofrendo perdas na linha Vertical do Ser Imortal, que demandarão muitas vezes séculos para serem revertidas. O Evangelho no Coração é o fruto saboroso de Jesus no Lar.

É quando a Educação – reiteramos –, palavra de origem latina *educare* ou *educere*, revela o seu maravilhoso significado, que é fazer sair, extrair, levar para fora, sair de dentro, vir à tona, uma verdadeira facilitadora dos Caracteres Divinos da Lei de Deus escrita na Consciência, fazendo da nossa família uma exportadora de Jesus no Lar e o Evangelho no Lar desde o presente do indicativo.

•●•

Educação no lar:

"Preconiza-se na atualidade do mundo uma educação pela liberdade plena dos instintos do homem, olvidando-se, pouco a pouco, os antigos ensinamentos quanto à formação do caráter no lar; a coletividade, porém, cedo ou tarde, será compelida a reajustar os seus propósitos."

UNIDADE BÁSICA DE SAÚDE DO ESPÍRITO

25

Estamos dando os nossos passos iniciais no Terceiro Milênio. E não nos iludamos, achando que fatores de origem externa promoverão a nossa Humanidade para um patamar de maior desenvolvimento em todos os sentidos. Muitos esperam uma intervenção divina espetacular, onde os eleitos usufruirão de uma eterna aposentadoria, com direitos a benesses e privilégios, como recompensa por diminutos esforços. Uma verdadeira barganha. Onde damos o mínimo e exigimos o máximo como retorno.

Outros de nós, aferrados ao padrão homem-espécie, valorizamos profundamente a matéria, que é a periferia do Ser Imortal, limitando assim a nossa existência ao berço e ao túmulo. Acreditando que cessa com a dita morte o seu sentir, o seu pensar e o seu agir. O que podemos considerar uma mentalidade bem infantilizada. Diversos não têm uma opinião formada; são os que podemos classificar como indiferentes, revelando uma insensibilidade, evidenciando uma apatia associada à frieza emocional. Revelam desinteresse e uma motivação quase nula para reflexões mais qualitativas e profundas. "Tanto faz como tanto fez" é o lema de tal parcela da população.

Aqueles que se agasalham sob o guarda-chuva do espiritismo não são exceção à regra. Muitos adeptos da Doutrina Espírita esperam receber como recompensa uma fartura de benesses espirituais; alguns achando que já estão tendo a sua última encarnação, pois julgam que "pagaram todos os seus pecados" (palavra de origem latina, cujo significado quer dizer errar o alvo). Outros se julgam com credenciais espirituais que lhes abrirão as portas das Sociedades Espirituais Superiores.

Inúmeros de nós passamos a agasalhar, em nosso jeito de ser, o sentimento exacerbado do fanatismo, que promove a cegueira de espírito, paixão, apego, um culto passional, surgindo naturalmente daí a intolerância, a agressividade, o preconceito, o separativismo e tudo aquilo que fragiliza as relações interpessoais. Todos esses fatos e situações, eventos e acontecimentos, revelam com clareza o grau de imaturidade que ainda predomina entre nós. E tal processo não se reverte como desejamos que o seja: em um passe de mágica; um *pirlipimpim*; da noite para o dia. Como se fosse possível dormirmos homens e acordarmos anjos, prontos e acabados.

É, leitor amigo, infelizmente as situações relatadas são o produto das nossas fantasias e ilusões; devaneios e sonhos; engano e logro; fruto de uma perspectiva deformada da realidade. Revelando o quanto nos cabe caminhar até atingirmos um grau mínimo de maturidade. E a Doutrina Espírita, dentro da vanguarda das suas propostas, evidencia-nos o caminho para a solução das questões de todos os níveis que hoje borbulham na sociedade.

Ela nos oportuniza desenvolver um saudável otimismo, onde, desde o presente do indicativo, podemos tornar mais qualitativa a nossa percepção da realidade aparentemente caótica e confusa. Acompanhemos o pensamento de Allan Kardec, o Educador por excelência. Encontramos em *O livro dos Espíritos* uma definição mais avançada no comentário de Allan Kardec em a "Lei do Trabalho":

"Não basta dizer ao homem que ele deve trabalhar, é necessário também que o que vive do seu trabalho encontre ocupação, e isso nem sempre acontece. Quando a falta de trabalho se generaliza, toma as proporções de um flagelo, como a escassez. A ciência econômica procura o remédio no equilíbrio entre a produção e o consumo, mas esse equilíbrio, supondo-se que seja possível, sofrerá sempre intermitências e, durante essas fases, o trabalhador tem necessidade de viver. Há um elemento que não se ponderou bastante, e sem o qual a ciência econômica não passa de teoria: **a educação. Não a educação intelectual, mas a moral, e nem ainda a educação moral pelos livros, mas a que consiste na arte de formar os caracteres, aquela que cria os hábitos, porque educação é conjunto de hábitos adquiridos**

Quando se pensa na massa de indivíduos diariamente lançados na corrente da população, sem princípios, sem freios, entregues aos próprios instintos, deve se admirar das consequências desastrosas desse fato? Quando essa arte for conhecida, compreendida e praticada, o homem seguirá no mundo os hábitos de ordem e previdência para si mesmo e para os seus, de respeito pelo que é respeitável; hábitos que lhe permitirão atravessar de maneira menos penosa os maus dias inevitáveis. A desordem e a imprevidência são duas chagas que somente uma educação bem compreendida pode curar. Nisso está o ponto de partida, o elemento real do bem-estar, a garantia da segurança de todos."

Cada parágrafo é um primor de lógica, lucidez, bom senso, sensibilidade, tino, sabedoria, visão de futuro. Para que tais propostas se viabilizem, somente considerando a pluralidade das existências como método pedagógico Universal. Método diante do qual não existem excluídos, privilegiados, esquecidos, desprezados. Todos são partícipes do processo. Nossa vontade é impotente diante da sua manifestação.

Pelo que podemos deduzir das colocações de Allan Kardec, é uma tarefa que ousamos dizer, demandará alguns séculos. Se observarmos o nosso sistema social, ele ainda não contempla quase nada das proposituras de Allan Kardec, que faz um diagnóstico e aponta a solução. Não podemos nos autoenganar. Para que se faça presente a concretização, primeiro é necessário, em nível individual, o autoconhecimento, a autotransformação e a autoeducação, para que consigamos ser agentes efetivos na Arte da Educação.

Segundo os dicionários, Arte pode ser considerada como a capacidade e aptidão do ser humano de aplicar conhecimentos e habilidade na execução de uma ideia, de um pensamento; essa aplicação e essa execução. Temos aqui, portanto, um desafio que nos pede uma maturidade que ainda não é regra. Lembremo-nos de que tal Arte será aplicada não sobre objetos inanimados, mas sobre Espíritos Imortais, o que exige uma percepção do Ser Humano de uma maneira holística, onde o ser físico, mental, emocional, espiritual e psicológico é levado em consideração.

Uma Mundivisão que leva em conta o caráter, que é a qualidade inerente a uma pessoa, que a distingue de outra, sendo, portanto, o conjunto de traços particulares de um indivíduo (positivos ou negativos); sua índole, natureza, temperamento e que já se manifestam desde a infância. Somente considerando que a individualidade é muito maior do que os limites traçados pelo berço e pelo túmulo, trazendo consigo uma pré-história existencial que nos revela pelo menos quarenta mil anos de vivência no reino hominal, é que poderemos obter êxito no longo e laborioso processo de Educação do Ser. Sem a qualificação do autoconhecimento, autotransformação e autoeducação, dificilmente nos apresentaremos como verdadeiros artesões do Espírito imortal, deixando-nos apenas na zona da boa vontade, sem a qualificação existencial.

Investimos muito dinheiro em aparatos de segurança e repressão pública. São tropas de choque, escudos antimotim, cassetetes, bombas de efeito moral, *spray* de pimenta, canhões de água, veículos blindados, balas de borracha, pistolas de eletrochoque, que refletem o quanto somos hábeis para reprimir, mas revelam quantos séculos levaremos para nos considerar uma verdadeira civilização. Chegará o dia em que a Segurança do Espírito imortal será a prioridade das prioridades; teremos então as tropas de choque do amor, escudos de flores, bombas de festim, *spray* de mel, canhões de luz, balas de açúcar... As armas estarão aposentadas e nós seremos hábeis na Arte de Educar.

E somente o Lar, que é a UBSE (Unidade Básica de Saúde do Espírito) pode patrocinar tal transição, pois esta transformação não se faz de maneira abrupta, pedindo diversas idas e vindas pelas portas da "encarnação – desencarnação – erraticidade – encarnação...", tal roda vai se repetindo, até que um amoroso círculo virtuoso esteja presente em nossas consciências.

Com a inversão de valores que vigora temporariamente, tal convite parece fora de propósito. É natural que quando a Unidade Básica de Saúde do Espírito adoece, apresenta-se uma diminuição no sistema imunológico familial, com o enfraquecimento das relações interpessoais, relacionamentos em sua maioria com um padrão de escolha que deixa a desejar, com alicerces baseados na superficialidade do corpo, onde a beleza da forma prevalece. Tanto da parte de alguns homens como de algumas mulheres encontramos um forte apelo para a quase nulidade da paternidade e da maternidade. Quando não encontramos as famílias unipessoais formadas em sua maior parte por mulheres, que se encontram à volta com os cuidados dos filhos, com os pais ausentes.

Mas como a Unidade Básica de Saúde do Espírito é uma conquista evolutiva, ela veio para ficar. Todos os obstáculos que são colocados em seu caminho apenas atrasam temporariamente a efetivação da Lei do Progresso. Somente a célula familial pode realizar esta revolução espiritual-comportamental, na qual os pais serão os primeiros professores da arte de viver. A Sociologia, sob a luz da nossa Imortalidade Pessoal, poderá desencadear uma revolução com a mais poderosa de todas as armas: a Educação.

Quando dizemos que a família está desestruturada, deveríamos dizer que os Espíritos, atualmente encarnados, não desenvolveram em si as Estruturas disponibilizadas pelo Maior Educador de Todos os Tempos: Jesus de Nazaré. Jesus veio do futuro, para compartilhar conosco os tesouros do Espírito imortal. Até hoje não tivemos melhor Educador. Merecendo da nossa parte uma atenção toda Especial, pois cada atitude sua é um recado para a nossa consciência. Toda a sua trajetória entre nós se reveste de um conteúdo revolucionário que, por ser a manifestação mais elevada das Divinas Leis, indica-nos o caminho da felicidade.

A Unidade Básica de Saúde do Espírito, que é o núcleo doméstico, quando convida Jesus ao Lar, torna-se um ponto de partida para que a Arte da Educação comece, ainda que na condição de gérmen, o seu desenvolvimento em nossa existência. A Educação que vem de dentro, que surge da maturidade da consciência, da renovação do seu jeito de ser. Onde cada um é compreendido e respeitado em seu degrau evolutivo, e aprende também a respeitar os irmãos localizados em degraus diferentes do seu. A Educação na qual as diferenças são valorizadas e compreendidas. A Educação sob a Luz da nossa Imortalidade Pessoal, em que consideramos a Imortalidade Pessoal do outro.

Quando damos guarida a Jesus em nosso Lar, a ignorância, pouco a pouco, se torna peça de museu familial. As relações são pontes facilitadoras, para que as afirmações de Allan Kardec, discípulo de Jesus, encontrem em nossa Unidade Básica de Saúde do Espírito, o ponto de partida, o elemento real do bem-estar, a garantia da segurança de todos: "Somente quando esta Arte for bem conhecida, compreendida e praticada, o homem seguirá no mundo os hábitos de ordem e previdência para si mesmo e para os seus; de respeito pelo que é respeitável. Hábitos que lhe permitirão atravessar de maneira menos penosa os maus dias inevitáveis. A desordem e a imprevidência são duas chagas que somente uma educação bem compreendida pode curar. Nisso está o ponto de partida, o elemento real do bem-estar, a garantia da segurança de todos".

Allan Kardec vai direto ao ponto, já que estamos matriculados na escola Planeta Terra, ela é o Educandário de uma população de cerca de 30 bilhões de Espíritos, divididos entre encarnados e desencarnados. Somente a Educação Arte, Educação Sensibilidade, Educação Vocação, Educação Diversidade, Educação e Individualidade, Educação e diversas categorias de Espíritos, Educação e Conquistas Espirituais, Educação e Expiações, Educação e Provas, Educação e Missões, Educação na Família, Educação de Pai para a paternidade, Educação de Mãe para a maternidade, Educação das Vidas Sucessivas, Educação da Imortalidade Pessoal...

São apenas algumas questões pontuais, que neste milênio entrarão na pauta da sociedade, pois são impositivos evolutivos e a central de tais processos, podemos afirmar, é a Unidade Básica de Saúde do Espírito; é e será o Lar. Vindo do futuro, Jesus de Nazaré nos coloca em contato com tal gama de novidades, propostas, realidades, que até hoje estamos em estado de choque, diante delas, pela sua simplicidade, praticidade, descomplicação, sem burocracia, dificuldades, obstáculos, hierarquias...

Ele o faz na mais absoluta gratuidade, sem direitos autorais, na mais completa doação, deixando-nos um legado imperecível. E quando abrimos as portas da casa material para recebermos o seu aconchego, a sua doação incondicional, os germens da Educação do Ser Imortal, as sementes do seu Amor se fazem presentes na figura de Jesus na UBSE (Unidade Básica de Saúde do Espírito), que pode ser qualquer Lar que assim o queira, pois a atitude deve ser revestida do caráter da mais absoluta voluntariedade dos seus componentes, sem imposições.

O Evangelho no Coração está representado na figura dos Agentes de Saúde do Espírito imortal que, na sua ação na sociedade, se tornam propagadores de Boas Notícias, levando para todos aqueles que assim o desejem as belezas da Educação sob a ótica da Imortalidade Pessoal.

•●•

Unidade Básica de Saúde do Espírito

A Unidade Básica de Saúde do Espírito, que é o núcleo doméstico, quando convida Jesus ao Lar, torna-se um ponto de partida para que a Arte da Educação comece, ainda que na condição de gérmen, o seu desenvolvimento em nossa existência.

JESUS NO LAR E O EVANGELHO NO CORAÇÃO E O ACOLHIMENTO

26

Leitor amigo! Tenho uma notícia que espero deixá-lo repleto de alegria e otimismo, esperança e determinação na sua condição de Espírito herdeiro da Imortalidade Pessoal: Nos séculos vindouros, teremos a oportunidade de materializar as diversas Missões do processo Educacional, individual e coletivo, em âmbito particular e geral, no qual, com a elasticidade da concepção interexistencial do ser desde a vida pré-encarnatória até a vida pós-encarnação, introduzem-se novos elementos de compreensão, entendimento e aceitação, para que possamos viabilizar um ponto de partida seguro para a solução das questões que ainda nos qualificam apenas como povos esclarecidos, recém-saídos, portanto, da ignorância. Muito legal, não é mesmo?

Estamos sendo convocados a uma desaposentadoria existencial, desde já. O compromisso é muito maior do que os Doze Trabalhos de Hércules, pois será lidar com o ser humano, levando em consideração o universo peculiar ao processo evolutivo inerente às escolhas individuais no tempo e no espaço. Educandos não faltam. Ah, apenas mais um detalhe: PROJETO-PROCESSOS E PROCEDIMENTOS que pedem algumas reencarnações de dedicação exclusiva.

É imprescindível a presença de educadores que se habilitem; que se qualifiquem e se predisponham a integrar em si conhecimento e experiência, refletidos em maturidade e perspicácia – qualidade de quem é perspicaz, de quem é capaz de observar com argúcia, de compreender as coisas, antevisão, já na presente encarnação –, fazendo dela uma escola para aquisição das condições mínimas para uma qualificação existencial pró-ativa.

A Educação é um processo multidisciplinar, pedindo assim a associação de diversos elementos que sejam conjugados pela sinergia, ou seja, por diversos processos que se conjugam para que um determinado foco receba um suporte para se viabilizar. A Doutrina Espírita oferece a sua parcela de contribuição, ao introduzir na questão a diversidade dos Espíritos aqui alocados; estejam eles vestidos ou desvestidos de um corpo físico.

Uma das mais nobres facetas da Doutrina Espírita é a inclusão. Cada um de nós é representante de uma comunidade incalculável dos "com corpo e sem corpo". Porta-voz de muitas vontades, desejos, sentimentos, pensamentos, sonhos, aspirações. Expressamos milhões de consciências, que são uma demonstração da diversidade existente na ordem da Criação. Portanto, toda padronização é limitadora, pois, apresentando os antolhos (que são utilizados para impedir a visão lateral dos cavalos) do bitolamento onde a nossa Mundivisão é considerada exclusiva, corremos o risco de ficar aferrados às nossas crenças limitadoras.

Nossa busca pelo bem-estar individual é louvável, mas ainda centrada no egoísmo e no interesse pessoal, ainda que exista uma minoria que está construindo uma realidade na qual a integração do individual e do coletivo se harmonizem perfeitamente, evidenciando que gradativamente iremos equilibrar os pratos da balança existencial do Ser: o espiritual e o material.

Em 1993, Jacques Delors, foi chamado para presidir a Comissão Internacional de Educação para o Século XXI (que na minha visão imperfeita deveria ser para o Terceiro Milênio). O resultado foi o Relatório Delors – Educação: Um Tesouro a Descobrir. Que se encontra disponível para leitura na Internet, ao dispor daqueles que desejem se abeberar nas suas refrescantes fontes motivacionais, como propõe o Relatório Jacques Delors, ao nos motivar o desenvolvimento dos quatro pilares da Educação Integral:

- Aprender a Conhecer
- Aprender a Fazer
- Aprender a Conviver
- Aprender a Ser

Abrangendo o aprendizado constante, que vai do berço ao túmulo, é totalmente inclusivo, pois nos abre possibilidades dinâmicas no desenvolvimento e na aplicação dos potenciais do Ser. Dentro da perspectiva do momento, podemos considerar o relatório Delors utópico, irrealizável, fantasioso, quimérico, fora do padrão. Coisa de sonhadores, pessoas fora da realidade. Mas ele eleva a Educação à condição de Tesouro a Descobrir; como algo que ignoramos; com o qual temos ausência de intimidade, revelando-nos o quanto estamos distanciados dos seus caminhos, exigindo uma profunda disposição de espírito, desde a presente encarnação, para que os germens comecem a facilitar a metamorfose existencial.

Consideremos que os quatro pilares representam uma transformação em nosso jeito de ser. Nos dois primeiros, "Conhecer e Fazer", estamos nos saindo razoavelmente bem. Mas os quesitos "Conviver e Ser", podem ser considerados os nossos pontos fracos, verdadeiros "calcanhar de Aquiles" que demandam um tripé: autoconhecimento, autoestima e autoeducação; primeiro nos indivíduos que despertarem e sentirem-se com disposição espontânea para saírem da normose (doença da normalidade empobrecedora da visão apenas material do ser).

Mas devemos considerá-lo com uma condição ideal a ser alcançada, necessitando assim de patrocinadores que voluntariamente desejem estar na vanguarda, como verdadeiros protagonistas da maior revolução que nossa Humanidade merece, para que alcancemos elementos tão desejáveis como paz social, índices de criminalidade quase insignificantes, desigualdades sociais inexistentes, com a presença da meritocracia, a detecção das vocações individuais, a percepção do caráter individual e das suas tendências e, principalmente, a certeza de que o individual está subordinado ao coletivo com naturalidade, sem que seja anulação da vontade.

E o relatório enfatiza a importância da comunidade básica para a comunidade global. Da minicomunidade global, que em sua imensa maioria não tem consolidada a edificação de um Lar, para a aldeia global harmoniosa. Pede o desenvolvimento de habilidades pessoais para que assim tenhamos a multiplicação de seres humanos responsáveis e conscientes do seu papel ímpar na Obra da Criação.

Ora, a Comunidade Básica indispensável, imprescindível, inalienável, fundamental, essencial, que é o Ponto de Partida indicado por Allan Kardec para a edificação da Sociedade Civilizada, é, sem sombra de dúvidas, o Lar.

• Fora do Lar, com Jesus bem estruturado, a educação fica adiada por tempo indeterminado.

• Fora do Lar harmonioso com Jesus, a infância é prejudicada.

• Fora do Lar aconchegante com Jesus, a juventude passa no leito da indiferença.

• Fora do Lar com diálogo e Jesus, o amor caminha distante.

• Fora do Lar acolhedor com Jesus, a boa relação com a parentela fica adoecida.

• Fora do Lar com integração das diferentes gerações com Jesus, a velhice sofre a frieza da indiferença.

• Fora de Jesus no Lar, abastecemo-lo com a nossa poluição existencial.

• Fora do Lar com Jesus, apenas os laços materiais nos prendem.

É ao Lar que cabe a assistência primária do Ser, o Ponto de Partida, sem o qual qualquer projeto, por mais bem-intencionado que seja, malogrará, como vemos em nossos dias. Com Jesus no Lar, vamos progressivamente ganhando contato com o Acolhimento, que no Dicionário Aurélio de Língua Portuguesa está relacionado a "ato ou efeito de acolher, recepção, atenção, consideração, refúgio, abrigo, agasalho".

Acolher quer dizer: "dar acolhida ou agasalho a; hospedar; receber; atender; dar crédito a; dar ouvidos a; admitir; aceitar; tomar em consideração". Sintamos o quanto de conteúdo motivacional encontramos em uma palavra sob a luz de Jesus Acolhimento no Lar. Ao darmos Acolhimento a Jesus, ao menos uma vez por semana, 52 dias no ano, podemos ter certeza de que é uma decisão da qual jamais nos arrependeremos. Uma atitude que nos remete à direção de lucidez de espírito. Estaremos acolhendo a maior autoridade no quesito autoconhecimento, autotransformação, autoamor e, principalmente, na autoeducação. Detentor da melhor qualificação, que é a exemplificação.

Possuidor da mais perfeita didática, focada na necessidade individual, tanto é que, quando ele falava, cada um sentia a sua palavra como um diálogo pessoal. Assim sendo, repetimos novamente: um Homem que chega do futuro, pois, como Espírito Puro, vive em uma condição que nem sequer podemos imaginar e, apesar da nossa ignorância, nos dá Acolhimento.

Observemos algumas capacitações, dentre muitas que nos esperam, que solicitam a nossa atenção para que desenvolvamos os germens que nos darão a condição de legítimos Acolhedores dentro da UBSE (Unidade Básica de Saúde do Espírito) sob a luz de Jesus no Lar:

• Empenharmo-nos para conquistar a condição de facilitadores, para que a clareza de ideias e linguagem sejam portas abertas, para que a circulação dos **projetos-processos-procedimentos** vinculados ao nosso núcleo familial encontrem um bioma coletivo favorável ao seu desenvolvimento.

• Disponibilizador de Atenção, para a ação de nos ocuparmos com aqueles que estejam conosco na Unidade Básica de Saúde do Espírito. Está associada ao cuidado, à dedicação, ao zelo. Inclui delicadeza e gentileza. É valioso considerarmos as multicausalidades dos nossos reencontros familiais.

• Longitudinalidade, que é a capacidade de lidar com o sucesso das mudanças ou transformações que se apresentem, tanto individual como coletivamente, no celeiro doméstico, ao longo dos anos. É a atenção direcionada para o Espírito imortal, e não para a personalidade temporária que o reveste. Pede jogo de cintura.

• Motivador da Integralidade, que solicita uma vocação para perceber, sentir e aceitar o verdadeiro "quebra-cabeças que é a UBSE, e reconhecer as necessidades entre as relações indivíduo/coletividade familial e coletividade familial/indivíduo; que podemos considerar variáveis e complexas.

Reforçamos aqui a importância de Acolher Jesus no Lar, **que é o ato ou efeito de acolher, recepção, atenção, consideração, refúgio, abrigo, agasalho.**

Acolher quer dizer: **dar acolhida ou agasalho a; hospedar; receber; atender; dar crédito a; dar ouvidos a; admitir; aceitar; tomar em consideração.**

Vejamos o grau de profundidade que tanto o Acolhimento quanto o Acolher, nos ofertam para que o sejamos não apenas admiradores de Jesus, ou façamos parte das estatísticas religiosas, nem tampouco o acolhamos sob o manto da hipocrisia. Ele é um Mestre Acolhedor para o nosso momento presente e a garantia de um futuro promissor, de muito labor e suor.

O Evangelho Acolhido no Coração é uma sequência natural na qual vamos imprimindo ao nosso jeito de Ser, posições que gradativamente vão se tornando vitaminadas, robustas, onde a autonomia (que é a capacidade, faculdade ou direito de um indivíduo se autogovernar, de tomar suas próprias decisões ou de agir livremente, sempre considerando a interferência externa) é tremendamente afirmativa, pois parte daquele que os Espíritos definem como Guia e Modelo para a Humanidade, na questão 625 de *O Livro dos Espíritos*: Jesus!

Influências existem de diversos tipos e qualidades, tendências e motivações. Mas com o Evangelho Acolhido no Coração, a nossa autonomia passa a ter um alicerce cósmico, vinculada a motivações nobres e qualitativas, jamais saindo de moda ou ficando ultrapassada. Passamos a ser exportadores no cotidiano dos valores do Espírito imortal; deixamos de esperar que os outros façam alguma coisa; tomamos a iniciativa de pegar a nossa charrua pessoal e seguimos adiante, pois estamos aqui ou no além-túmulo para escrevermos um novo fim, composto de novos capítulos, novas lições, novos aprendizados, novas experiências, novas escolhas que geram novos resultados.

Não nos deixemos dominar pela ansiedade ou angústia, nem tampouco abramos brechas para que a descrença o desânimo e a dúvida desvitalizem aos poucos o nosso bom ânimo e a nossa fé raciocinante. Jesus, na mensagem "Sinais da Renovação", que faz parte do livro *Jesus no Lar*, de autoria do Espírito Neio Lúcio, pela antena mediúnica de Chico Xavier, deixa-nos um posicionamento que dissipa qualquer incerteza com relação ao que é esperado de quem opte por Jesus no Lar e o Evangelho no Coração:

"Ante a assembleia familiar, o Mestre tomou a palavra e falou, persuasivo:

— E quando o Reino Divino estiver às portas dos homens, a alma do mundo estará renovada.

O mais poderoso não será o mais desapiedado e, sim, o que mais ame.

O vencedor não será aquele que guerrear o inimigo exterior até à morte em rios de sangue, mas o que combater a iniquidade e a ignorância, dentro de si mesmo, até à extinção do mal, nos círculos da própria natureza.

O mais eloquente não será o dono do mais belo discurso, mas, sim, o que aliar as palavras santificantes aos próprios atos, elevando o padrão da vida, no lugar onde estiver.

O mais nobre não será o detentor de maior número de títulos que lhe conferem a transitória dominação em propriedades efêmeras da Terra, mas aquele que acumular, mais intensamente, os créditos do amor e da gratidão nos corações das mães e das crianças, dos velhos e dos enfermos, dos homens leais e honestos, operosos e dignos, humildes e generosos.

O mais respeitável não será o dispensador de ouro e poder armado e, sim, o de melhor coração.

O mais santo não será o que se isola em altares de supremo orgulho espiritual, evitando o contato dos que padecem, por temer a degradação e a imundície, mas, sim, aquele que descer da própria grandeza, estendendo mãos fraternas aos miseráveis e sofredores, elevando-lhes a alma dilacerada aos planos da alegria e do entendimento.

O mais puro não será o que foge ao intercâmbio com os maus e criminosos confessos, mas aquele que se mergulha no lodo para salvar os irmãos decaídos, sem contaminar-se.

O mais sábio não será o possuidor de mais livros e teorias, mas justamente aquele que, embora saiba pouco, procura acender uma luz nas sombras que ainda envolvem o irmão mais próximo...

O Amigo Divino pousou os olhos lúcidos na noite clara que resplandecia, lá fora, em pleno coração da Natureza, fez longo intervalo e acentuou:

— Nessa época sublime, os homens não se ausentarão dos lares em combate aos próprios irmãos, por exigências de conquista ou pelo ódio de raça, em tempestades de lágrimas e sangue, porquanto estarão guerreando as trevas da ignorância, as chagas da enfermidade, as angústias da fome e as torturas morais de todos os matizes... Quando o arado substituir o carro suntuoso dos triunfadores, nas exibições públicas de grandeza coletiva; quando o livro edificante absorver o lugar da espada no espírito do povo; quando a bondade e a sabedoria presidirem às competições das criaturas para que os bons sejam venerados; quando o sacrifício pessoal em proveito de todos constituir a honra legítima da individualidade, a fim de que a paz e o amor não se percam, dentro da vida – então uma Nova Humanidade estará no berço luminoso do Divino Reino...

Nesse ponto, a palavra doce e soberana fez branda pausa e, lá fora, na tepidez da noite suave, as estrelas fulgentes, a cintilarem no alto, pareciam saudar essa era distante..."

Aqui se dissipam dúvidas e incertezas, indecisões e inseguranças.

Cada palavra. Cada frase. Cada sentença. Cada parágrafo, adjetivo, substantivo, artigo, verbo, aqui merece uma detalhada meditação da nossa parte. Para que o seu conteúdo insira em nós a condição de Individualidade Imortal. Com todas essas realizações que consideramos trabalhosas e desafiadoras para o nosso pequeno entendimento, mas que o Mestre afirma ser **um berço luminoso do Reino Divino**, devemos arregaçar as mangas e colocar mãos à obra para que integremos desde já Jesus no Lar e o Evangelho no Coração na maior parte possível dos 86.400 segundos que nos são creditados, todos os dias.

Deixamos aqui algumas "dicas" que podem ter o nosso patrocínio desde agora no presente do indicativo, como campos facilitadores da expressividade da Individualidade Imortal que cada um de nós é. Se a nossa impressão digital é única no Universo, o quanto devemos nos empenhar para que a nossa digital pessoal tenha o selo de qualidade que somente Jesus no Lar e o Evangelho no Coração podem proporcionar, e a pequena lista abaixo é apenas um ínfimo ponto de partida, para que possamos escolher sempre o melhor em nossa experiência intrapessoal (consigo), interpessoal (com os outros) interespírito (com os desencarnados) e interfamilial:

- Afabilidade
- Alteridade
- Amabilidade
- Delicadeza
- Doçura
- Elegância de Espírito
- Empatia
- Fidalguia
- Fraternidade
- Generosidade
- Gentileza
- Lhaneza
- Nobreza de caráter
- Resiliência
- Solidariedade

E todas mais que nos lembrarmos e quisermos acrescentar.

Sucesso existencial com Jesus no Lar e o Evangelho no Coração!

Outras Obras do Autor

LAR DOCE LAR!

Esta obra aborda, de forma inteligente e criativa, o complexo tema das relações familiares, mostrando que o lar é umas das mais importantes frentes de trabalho para o desenvolvimento espiritual do ser humano.

224 Páginas | 14 x 21

VIRTUDES
Excelência em Qualidade na Vida

Nesta obra, o autor faz interessante convite para que coloquemos em prática o benefício das virtudes, a fim de trazermos excelência em qualidade à nossa experiência encarnatória.

192 Páginas | 14 x 21